新时代高职院校工科专业课程思政教育探索

叶勇　康亮　著

西南交通大学出版社
·成都·

图书在版编目（CIP）数据

新时代高职院校工科专业课程思政教育探索 / 叶勇，康亮著. —成都：西南交通大学出版社，2019.6（2021.10 重印）
　ISBN 978-7-5643-6874-6

　Ⅰ. ①新⋯　Ⅱ. ①叶⋯　②康⋯　Ⅲ. ①思想政治教育 – 教学研究 – 高等职业教育　Ⅳ. ①G641

中国版本图书馆 CIP 数据核字（2019）第 089566 号

新时代高职院校工科专业课程思政教育探索

叶勇　康亮　著

责 任 编 辑	武雅丽
封 面 设 计	原谋书装
出 版 发 行	西南交通大学出版社 （四川省成都市金牛区二环路北一段 111 号 西南交通大学创新大厦 21 楼）
发行部电话	028-87600564　028-87600533
邮 政 编 码	610031
网　　　址	http://www.xnjdcbs.com
印　　　刷	四川森林印务有限责任公司
成 品 尺 寸	170 mm × 230 mm
印　　　张	11
字　　　数	202 千
版　　　次	2019 年 6 月第 1 版
印　　　次	2021 年 10 月第 4 次
书　　　号	ISBN 978-7-5643-6874-6
定　　　价	58.00 元

图书如有印装质量问题　本社负责退换
版权所有　盗版必究　举报电话：028-87600562

前　言

当下，全国高校特别是上海高校正在重点推进"课程思政"工作，体现高校育人的本质要求。要实现从"思政课程"到"课程思政"的转变，关键是加强协同创新的机制研究。体现为：一个"一"，三个"度"。

一个"一"，指的是一条主线：就是围绕课堂育人主渠道上的"课程思政"机制创新问题；"课程思政"是新形势下的新做法，必须配以新机制。

三个"度"：第一是理论的深度。无论是话语体系的中国逻辑，还是与马克思主义学科的关系和与各学科同向同行的实践，"课程思政"都提出了很多理论问题。对理论先导和机制体制创新的重视，是上海的重要经验。第二是实践的广度。很多高校都提出了全面深化思政教育改革背景下急需解决的机制问题。无论是思政与教务系统合作机制、课堂教学与实践教学的机制，还是课程体系协同育人机制、深化"一体两翼三课堂"机制、增强学生获得感等机制研究，都体现了实践的广度。第三是机制的前瞻度。开展"课程思政"试点的高校需要考虑如何进一步创新已经出现或即将出现的机制问题。如思政课与人才培养协同机制、思政课教师与辅导员队伍整合机制；有些学校提出了更高层面的思考，如思政课教师文化自信、上海红色文化融入思政教育等问题。这些都体现了机制建设的前瞻性思考。

"课程思政"的基础在课程，重点在思政，关键在教师，重点在学院。实践中已经遇到了各类机制瓶颈问题，必须予以创新。如"课程思政"话语体系建设的机制问题，与各学科、各门其他课程同向同行协同机制问题，高校各系统的合作机制问题，与专业课教师、辅导员和其他队伍建立"立交桥"机制问题，思政课、综合素养课程和专业课程三类不同课程的课程体系，培训和评估标准的机制体制问题，等等。一句话，以课堂育人主渠道为核心的高校思政教育育人命运共同体的机制创新问题已经成为当下"课程思政"工作的重点问题，需要各高校共同努力来创新破解。

本书共有七部分内容。

第一部分主要从"课程思政"教育的背景、概念、内涵三个方面阐述对"课程思政"的认识。

第二部分主要针对当前高职院校开展"课程思政"教育改革的现状及碰到的问题，包括教师、专业课程以及"思政"与课程融入的关系等进行阐述。

第三部分主要介绍如何推动"课程思政"改革向前发展，主要从三个"着力点"较为详细地分析阐述当前应该采取的措施。

第四部分针对当前高职院校开展"课程思政"的情况，提出了具体的设计思路和路径，分别从寓道于教、寓德于教、寓教于乐三个方面阐述了如何实现"课程思政"教学改革，同时对其实践性和时效性做了分析。

第五部分从"课程思政"顶层设计、解决学生思想矛盾、提升教师自身育人能力等方面阐述了"课程思政"改革实施的关键点。

第六部分通过11个具体案例讲解了当前国内相关院校实施"课程思想"改革的情况，为同类院校提供参考。

第七部分结合重庆电子工程职业学院智能制造类14个专业，对123门课程前期的思政点进行了挖掘，为其他工科类课程实施"课程思政"提供参考。

本书由两人执笔完成。康亮负责第1~6章，叶勇负责全书统稿并执笔第7章。

由于时间和水平的限制，本书可能存在不少缺点、错误和欠考虑之处，诚恳希望读者、朋友和各方面专家，不吝赐教，给予批评指正。

作者于重庆电子工程职业学院
2018年12月

目 录

第一章　新时代"课程思政"教育的背景与意义 ················· 1
　一、"课程思政"教育的背景 ···························· 1
　二、"课程思政"概念的界定 ···························· 2
　三、"课程思政"教育的内涵 ···························· 3
　四、"课程思政"的"价值"本源 ························· 6

第二章　高职院校"课程思政"教育的现状及问题 ··············· 8
　一、专业课教师的思想政治素质不足 ······················ 8
　二、思政内容与专业课内容的关系 ························ 9
　三、"课程思政"与专业课程融入的困难 ··················· 10

第三章　推动"课程思政"教学改革的着力点 ·················· 12
　一、着力提升专业课教师的"课程思政"意识、素养和能力 ···· 12
　二、深入挖掘专业课蕴含的思政元素 ····················· 15
　三、着力解决"思政"与"专业"有机融合的难题 ············ 17

第四章　"课程思政"教学改革的设计思路 ···················· 20
　一、"课程思政"改革的设计思路 ························ 20
　二、抓好课堂教学,守好思政教育的主阵地 ················· 26
　三、拓展思想政治教育的外延,打造协同育人体系 ············ 27
　四、模块化"道"的内涵,明晰课程思政的实践对象 ·········· 28
　五、创新"寓"教的方法,增强课程思政的实效性 ············ 29

第五章　"课程思政"教学改革实施的关键点 ·················· 33
　一、"课程思政"同思政课程价值的契合 ··················· 33

二、改革实施关键点 ………………………………………… 34

第六章　"课程思政"教学改革实施的具体案例 ………………… 38
　　一、高职"课程思政"方法在哪里 ………………………… 38
　　二、教师挑起"思政"担，课程上出"思政"味 ………… 39
　　三、浸润式思政教育，贵在"大象无形" ………………… 41
　　四、"中国课"100%开设，校领导100%授课 …………… 45
　　五、以"课程思政"为抓手构建大思政格局 ……………… 46
　　六、课程"软植入"，提升思政"硬实力" ……………… 49
　　七、同向同行融合融通，专业课程思政风采 ……………… 53
　　八、"课程思政"无缝隙覆盖 ……………………………… 55
　　九、课程在哪里，诚信教育就在哪里 ……………………… 56
　　十、"课程思政"尝试"将盐溶在汤里" ………………… 58
　　十一、上好专业课，种好思政教育责任田 ………………… 60

第七章　典型工科专业"课程思政"点的挖掘 …………………… 63
　　一、基础课程 ………………………………………………… 63
　　二、设备运维类课程 ………………………………………… 82
　　三、智能制造类课程 ………………………………………… 114
　　四、自动化类课程 …………………………………………… 129
　　五、汽车工程类课程 ………………………………………… 145

第一章
新时代"课程思政"教育的背景与意义

一、"课程思政"教育的背景

高等教育发展水平是一个国家发展水平和发展潜力的重要标志,实现中华民族伟大复兴,教育的地位和作用不可忽视。高校思想政治工作关系高校培养什么样的人、如何培养人以及为谁培养人这个根本问题。要坚持把立德树人作为中心环节,把思想政治工作贯穿教育教学全过程,实现全程育人、全方位育人,努力开创我国高等教育事业发展的新局面。

2016 年 12 月习近平总书记在出席全国高校思想政治工作会议并发表重要讲话,指出"做好高校思想政治工作,要用好课堂教学这个主渠道,思想政治理论课要坚持在改进中加强,提升思想政治教育亲和力和针对性,满足学生成长发展需求和期待,其他各门课都要守好一段渠,种好责任田,使各类课程与思想政治理论课同向同行,形成协同效应"[1]。"各门课都要守好一段渠,种好责任田",这是对专业课任课老师的要求;"各类课程与思想理论课同向同行,形成协同效应",这是对高校专业课建设提出的更高的要求。这一指导办好中国特色社会主义大学的纲领性文件,对做好新形势下高校党建和思想政治工作具有里程碑意义,为今后高校专业课程的建设和使命明确了发展方向[2]。构建高校"课程思政"教育教学体系,重在用好课堂教学主渠道[3],即抓住课程改革核心环节,着力将思想政治教育贯穿于学校教育教学的全过程,在坚持思想政治理论课的核心教育地位的同时,充分挖掘专业课程的育人资源,围绕价值引领与知识传授相统一的课程目标[4],构建思政理论课程、素质教育课程、专业课程三位一体的高校思政课程体系，发挥多学科优势，实现全程育人、全方位育人[5]。

在 2018 年 9 月 10 全国教育大会上，习近平总书记对立德树人提出了新要求。他强调，在落实立德树人根本任务，培养社会主义建设者和接班人这个方向问题上，丝毫不能偏离。青少年是价值观形成和塑造的关键时期，要从学生的身心特点和思想实际出发，改进方式方法，深入推动习近平新时代中国特色社会主义思想进教材进课堂进头脑。在课程建设上，要加强大中小学德育课程一体化建设，推动思想政治教育循序渐进、由浅入深、有机衔接。在教材建设上，要及时修订中小学道德与法治、语文、历史统编教材，修订用好高校思想政治理论课统编教材。高校作为意识形态工作的前沿阵地，高校党委要认真落实意识形态工作责任制，将思想政治工作贯穿于学科体系、教学体系、教材体系、管理体系当中，增强吸引力、感染力、说服力。

随着人们物质生活水平的提高，在优越环境下成长的年轻人注重自我满足和个人目标的实现，对美好生活的来之不易、粮食的珍贵、民间的疾苦、个人利益与国家利益的关系等问题缺乏深刻的认识，以至于个人主义成为一些年轻人身上的标签。思政教育是高校为了加强学生政治思想总体素质和健全人格等而进行的培养和训练，是"四有青年"培养计划的重要组成内容，但是在专业化授课的模式下，我国高校的思政教育很难达到最初设定的教育目的。因此，在国家对未成年人的思政教育做出进一步强调的背景下，"课程思政"的教学理念被率先提出，并首先在上海部分学校试行。所谓"课程思政"，就是以强化思政教育为目的，各学科有意识地引进思政教育内容并自觉与思政课程进行同步教学，从而对思政教学起到协同促进作用，并最终将高校的思政教育落到实处。

"课程思政"的教育模式自 2005 年实施以来，到目前为止经历了三个阶段：2005—2009 年以上海为试点开始执行"两纲教育"；2010—2013 年"德育一体化"教育被全面推行；从 2014 年至今，"课程思政"已经有了较为成熟的教学体系，且获得了政府的支持。

二、"课程思政"概念的界定

"课程思政"这一理念的提出是以上海高等院校构建全课程育人体系为

背景和依据的，目的是将思想政治教育寓于各类课程中，形成全方位育人局面和由点带面的育人效果。但是，学界并未对"课程思政"做出明确的界定。"课程思政"的实施正处于厚积薄发的上升期，我们必须对其概念进行清晰科学的界定和明确，以保证实施过程中有理可依。

北京大学孙蚌珠教授认为，思政课程是思想政治理论教育的课程体系，而"课程思政"则是教学体系。这个观点很具有代表性。随着"课程思政"理念在教育教学实践中越来越成熟地运用，我们对"课程思政"概念也有了较为规范的界定。目前，学界普遍认为"课程思政"是对高校中的各类课程的思想政治教育因素充分挖掘，充分发挥思想政治理论课、综合素质课（通识课）和专业课的育人功能，充分利用好课堂教学这个主渠道，以课程为载体，在传授知识的同时，注重各类课程和课程的各个环节的社会主义核心价值观的价值引领作用。"课程思政"和思政课程不是简单的顺序交换，而是要充分挖掘课程思政的内涵，将思想政治教育的显性育人功能和其他类课程的隐性育人功能充分融合，让"各类课程与思政课同向同行、形成协同效应"。

三、"课程思政"教育的内涵

"课程思政"，其实质是一种创新的教育理念，它既不是指具体的思政课程，也不是要新增几门思政课替代现有的思政课程，而是通过深入挖掘专业课和综合素养课的德育内涵和德育因素，促进显性教育和隐性教育相融合，构建思想政治理论课、综合素养课、专业课三位一体的高校思想政治教育课程体系和思政课教师、专业教师、校内外专家协同联动的育人体系，促进实现从"思政课程"主渠道育人向"课程思政"立体化育人的创造性转化。

"课程思政"，就是高校的所有课程都要发挥思想政治教育作用。要求教师引导学生不仅在课堂中学到知识技能，而且要学会做人做事，将思想政治教育渗透到知识、经验或活动过程中，重视对学生良好思想品德的塑造，使课堂教学的过程成为引导学生学习知识、锤炼心志及养成品性的过程，使之转化为自己精神系统的有机构成，转化为自己的一种素质或能力，成为个体认识世界与改造世界的基本能力和方法。"课程思政"是一种新的思想政治工作理念，即"课程承载思政"与"思政寓于课程"。"课程思政"对于改进和加强高校思想政治工作，落实教书育人主体责任，确保全过程、全方位育人要求的实现具有推动作用。充分理解"课程思政"的丰富内涵，深刻把握"课程思政"的价值意蕴，系统规划"课程思政"的实现路径，对于高校坚持社会主义办学方向，培养德才兼备、全面发展的人才具有重要的意义。

（一）"课程思政"与其他课程的区别

在"课程思政"教学体系下，高校思想政治理论课定位为对大学生进行社会主义核心价值观教育的核心课程，在大学生思想政治教育中发挥价值引领作用；综合素养课程强调在培育人的综合素养过程中筑牢理想信念，在大学生思想政治教育中发挥浸润作用；自然科学专业课程注重对学生科学思维、职业素养的养成教育，在大学生思想政治教育中发挥拓展作用。"课程思政"着力于将价值观的培育和塑造"基因式"植入所有课程，将思想政治教育贯穿于学校教育教学全过程，将教书育人内涵落实于课堂教学主渠道，将知识传授与价值引领结合起来，真正实现在价值传播中凝聚知识底蕴、在知识传播中强调价值引领，于润物无声中立德树人。

（二）从"思政课程"到"课程思政"转换的必要性

深化思政课教学改革，要树立问题意识，坚持问题导向，从"思政课程"到"课程思政"的转化是由现实问题倒逼而采取的应对措施。当前思政课教学现状是，学生课前"出勤率"低、课堂"亲和力"差、课上"抬头率"低，专业课程重视对学生专业知识的传授和具体技能的训练，弱化对人文素养的关注度，忽视对思想政治教育资源的挖掘，马克思主义理论学科协同性弱、思想政治教育课程融合度低，思政课教师陷于"单兵作战"的尴尬境地，思政课教学困于"孤岛化"窘境；教师队伍中部分教师育德意识有待增强、育德能力有待提高，思政课价值引领作用得不到有效发挥；

甚至在高等教育中存在着马克思主义被边缘化的现象,即在一些学科中"失语"、在教材中"失踪"、在论坛上"失声";高校各部门各行其是推进思想政治教育工作的管理体制和运行机制也使得思想政治教育缺乏体系性。总体来说,当前思政课教学的深层次问题可以归纳为:学科横向贯通不够、"思政课"教育实效性不强、全员育人意识不强等,而追根究底,则是教育理念发生倾斜、人才培养机制不健全、管理制度不完善等所致。这些都说明当前思想政治理论课在高校立德树人的战略地位还有待提升,哲学社会科学、自然科学专业课育人功能有待强化,这些也催生了思政课教学改革。

(三)从"思政课程"到"课程思政"转换的意义

"课程思政"扬弃了传统的教育理念,突破了传统的教育范式,搭建了全新的教育载体,明确了高校思政理论课和其他各类课程对大学生思政教育过程中应该承担的功能定位,对于破解思想政治理论课"孤岛化"窘境和消除思政教育与专业教育"两张皮"现象,实现各类课程与思政理论课同向同行、协同效应具有重要意义。

1. "课程思政"注重在价值传播中凝聚知识底蕴、在知识传播中强调价值引领

"课程思政"采取价值引领和知识传授相结合这一最具效能的育人基本形式,在专业知识的传授中融入价值观的引领,实现知识传授与价值引领的同频共振,改变单纯的理论说教授课模式,采用学生能够接受的方式,改善了学生对思政课的认知态度,增强了思想政治教育的说服力和感染力,扭转了专业课程重智轻德的现象,真正实现将思政课建设成为大学生真心喜爱、终身受益、毕生难忘的优秀课程的终极目标。

2. "课程思政"探索课堂教学、社会实践、网络运用三维课程组织形式

"课程思政"扬弃了传统思想政治理论教育的局限性,彻底变革了陈旧的教育理念。首先,积极创新教学方法,更新教学内容,丰富教学手段,

改善教学状况，防止思想政治教育形式化、表面化，不断强化课堂主渠道的育人功能；其次，在学生学习了基本知识的基础上，促发学生的情感体验和社会实践，实现学生个体知识的内化，帮助学生实现完整精神与独立人格的成长；最后，利用新媒体技术实现师生良性互动，提升教学实效性。如复旦大学积极运用互联网新媒体技术，推出"思想道德修养与法律基础""慕课"，"线上""线下"翻转课堂，使思想教育工作更接地气、更有活力。

3."课程思政"突出显性教育和隐性教育相融通

"课程思政"将高校所有课程划分为思想政治教育显性课程和隐性课程，显性课程即高校思想政治理论课，隐性课程包含综合素养课程（即通识教育课、公共基础课等）和专业教育课程（包含哲学社会科学课程和自然科学课程）。通过构建思想政治理论课、专业课、综合素养课三位一体的思政教育课程体系和思政课教师、专业教师、校内外专家协同联动的育人体系，协同推进思政课的显性价值引领和专业课程、综合素养课程的隐性价值渗透的有机融合，使学校教育能有效发挥 360°德育"大熔炉"的教育合力作用，构建起全员、全方位、全过程的高校思想政治教育体系。

四、"课程思政"的"价值"本源

"课程思政"的教育模式是我国教育体系改革的一项重要突破。在我国教育改革的历程中，教育改革的形式主要是一种教育纵向的自我纠正与完善，各个学科的教学是单独形成并且独立发展的。而"课程思政"的教育模式给我国教育改革带来了全新的思路，它将思政教育的教学设计为横向和纵向两种模式，纵向依然是走传统的思政教学之路，横向则是结合各个其他学科的特点，有针对性地摄入思政教育内容，使之既丰富了各个学科的内容，又借用了不同课程的力量强化了思政教育。"课程思政"践行了"以人为本"的教学理念，从学生的特点出发，设身处地地为学生着想，通过改变教学风格、抓住资源优势等措施逐步将思政教育落到实处，从而发挥思政教育对学生思想和心理上的辅导作用。除此之外，"课堂思政"是将不同课程进行"串联"的首次尝试,"课程思政"改革的成功将会为我国其他学科的教学改革起到良好的示范作用,从而促进其他学科教育的良性改革和发展。

（1）学校层面。学校是国家培养人才的重要阵地,当前,高校面临着复杂多变的国内外环境和变化了的教育对象,各类思潮、多元文化碰撞,机遇与挑战并存。"课程思政"并非将高校内所有课程按照思政课程搞模式化,而是要在顶层设计上实现理想成长教育与专业发展教育的有机联系。

（2）教师层面。从教师而言,高校教师应努力做到"三真"——真学、真做、真信。真学,指博学、跨学科学习,既潜心问道又关注社会,不只注重专业技术能力的提升,也要注意自身思想道德政治理论水平的提高。真做,指"以学生为中心",踏踏实实做设计、讲方法、寻求思政突破点,不生搬硬套,潜移默化、润物无声地将思政教育融入课堂教学。真信,即教师自身具备正确的价值观、坚定的理想信念、高尚的道德情操,并将自身的信念统一到具体行动中,言传与身教相结合才能做好学生的引路人。

（3）课程层面。就课程而言,"课程思政"不是强行加入思想政治教育的内容,而是结合专业课程本身的特点有效融入育人内容,使得专业课有情怀、有味道、有气质。通俗地理解,就是在学习专业课的同时,教育学生要做到"又红又专"。从"思政课程"到"课程思政",是高校思想政治教育的理性回归,强调了高校教育的"大熔炉"作用,充分发挥了其他所有课程的有效育人价值,实现了隐形教育与显性教育的有机融合,体现了思政教育由专职人员向全体教师的创造性转化。

第二章
高职院校"课程思政"教育的现状及问题

在当前的高校中尚存在重视专业、轻视思政的现象，特别是在教师引进的过程中，对教师的专业素质要求较高，忽视教师的思想状况，这为"课程思政"的推广带来一定的困难。具体表现为以下三方面。

一、专业课教师的思想政治素质不足

（一）部分专业课老师缺少思想政治相关知识

对思政教育的概念及其内涵的认识不清楚，是导致专业课老师不认同课程思政的主要原因之一。一些专业课老师缺少思政相关知识，对思政教育存在一定的认识误区，有的专业课教师认为传授专业知识是自己的主要职责，思政教育是思政专业教师和辅导员应该承担的工作。但是，高等教育的目的是培养德智体美劳全面发展的人才，大学生所获取的不仅仅是专业知识，还包括家国情怀、公民意识、行业规范等，使他们具有报效社会、服务人民的能力。为此，专业课教师要加强思政知识的学习，并且在专业课教学过程中通过自己的言语和行为为学生树立榜样，以积极的心态传播正能量，以自己的人格魅力赢得学生的尊重，潜移默化地影响学生的人生观和价值观。

（二）部分专业课教师对党史和国家相关政策了解片面

部分专业课教师长期专注于专业领域的研究和学习，对于党史和国家相关政策的理解片面，甚至理解上存在偏差。高等学校所要培养的是德智体美劳全面发展的人才，缺少人文知识的毕业生是不合格者。为此，专业课老师需要在学习国家政策的基础上根据学科专业特点，深入挖掘各门专业课程蕴含的德育元素和承载的德育功能，把社会主义核心价值观、做人做事的基本道理融入各类课程教学之中，促使学生真正"亲其师，信其道"，实现教育与教学的有机统一。

（三）专业课中涉及的哲学方法论是进行课程思政的最好工具之一

在专业的发展演变过程中会涉及多种哲学方法论，例如马克思主义哲学中的规律观、矛盾观、运动观、量变与质变等，它们隐含在专业理论的建立、科学方法的总结、科学规律的总结与升华等过程中，充分挖掘专业课中的哲学理论和哲学方法，有助于培养大学生的辩证思维能力和运用哲学方法解决专业问题的能力。

二、思政内容与专业课内容的关系

"课程思政"的目的是将高校思想政治教育融入专业课和思政理论课教学和改革的各环节、各方面。但是，在"课程思政"的课程设计和实际教学过程中还存在一些问题需要进一步深入分析和讨论。

（一）思政内容所占学时不能影响到专业课的授课学时

专业课的授课目的是让学生掌握好该专业课的核心知识，思政内容是在专业知识学习过程中的扩展，因此，思政内容所占学时不能影响专业课的授课学时。在很多专业课的授课过程中通常会涉及课程简介、发展历史、国内外研究现状、应用领域等方面的内容，在准备这些知识的同时，可以深入挖掘隐藏在其中的思政知识，如我国在该领域的研究现状以及与国际的差距等。这些内容的讲解可以在占用很少的授课学时的同时达到较好的思政教学效果。

（二）思政内容的考查和教学效果评估问题

在专业课教学过程中引入思政教育后如何进行考查和教学效果评价是需要解决的关键问题。专业课程已经形成相对固定的考核方式，对学生掌握知识的状况进行某种形式的考查和评价，而思政知识的教学效果评价方式还需要进行探索，以找到思政内容考核和专业课考核的最佳结合点。

（三）思政内容如何在教学大纲中有所体现

在将思政内容引入专业课教学过程中，需要找到可以引入思政知识的专业内容结合点，对专业课的教学大纲进行一定程度的修订，将思政内容固化到专业课教学大纲中，并且对思政内容的考核方式进行说明。

三、"课程思政"与专业课程融入的困难

（一）教程编排的不足

不同的专业课程本身就有各自的富有规律的内容安排，且这些安排在最初课程设计的时候都是充分参考学生的实际受教育程度以及成长特点来规划的。在"课程思政"教育模式下，将"育人"资源融入这些早已自成体系的学科中，或多或少容易打断教学计划，有可能最终还会对课程教学成果起到反作用。因此，教程编排的不足和难度主要体现在两个方面：一是将专业课的思政教育理论与课程内容结合需要一定的心思；二是"思政"资源的融入同时有助于课程和思政双教学，需要一定的课程编撰技巧。只有这两方面都被满足了，教材才能科学合理地编撰。

（二）授课形式的不足

当前，各高校受升学及就业压力的影响，在人才培养过程中，对学生价值取向的引导存在较大的偏差，片面强调提升学生专业能力，把专业技能、水平、成绩等看作考核最高标准，甚至将其作为评价毕业生素质的唯一准则。在培养方案中设置大比分的专业课程，在实践中作为教学工作的重点，不但平时重点讲解，更设有大量时间的实践操作和企业实践环节。而思政德育教育相对比较落后，还停留在理论知识层面的传授，依然沿用教师讲课、学生听课的固有模式，形式单调。即使部分课堂尝试采用"课堂反转"的形式调动学生学习的积极性，鼓励学生主动思考，积极讨论，互相激励，然而由于没有实践经验与生活体会，很多时候的课堂讨论流于形式，仅仅局限于理论探讨，无法结合实际感悟有所深入。结果就是，教师讲授不深入，学生思考不透彻。

（三）学生认识的不足

受社会环境的影响和学校淡化思政德育教育的引导，部分学生功利意识、利己主义思想日益明显。分数至上，成绩决定一切，专业技能逐步排挤品德教育，思政德育工作停留在表面，迫于修学分而"应付了事"，甚至出现逃课现象。一些学生只关心自身利益，对集体、社会缺乏应有的尊重和热情；没有社会公德和社会责任感，有的甚至为了个人利益牺牲集体利益和社会利益，以至于常有人感叹现在的学生品德大不如前。然而，思政德育教育不只是学校重视的内容，也是企业工作和社会交往中受很多关注的内容。学生在找工作过程中，除了被观察考核专业知识的掌握情况，还会遇到德育考评，较常见的形式就是结构化面试。结构化面试中关注较多的是人际沟通能力、组织协调能力、临场应变能力等，而这些正是我们思政德育教育所关注的方面。一些学生到了找工作时才临时去做准备，而这些能力又显然不是一时一刻能迅速提高的，它是需要平日的积累和修炼之后才能具备的能力。结果有些学生虽然专业知识过关，但因为德育知识不扎实而错失了一些比较有潜力的岗位。

第三章
推动"课程思政"教学改革的着力点

"课程思政"有广义和狭义之分。广义的"课程思政"是指高校通过其"三位一体"课程体系(思政课、综合素养课和专业课)而进行的思想政治教育。广义的"课程思政"概念与通过课程之外的其他渠道的思想政治教育,如"科研思政""实践思政""文化思政""网络思政""心理思政""管理思政""服务思政""资助思政""组织思政"等概念相对应。狭义的"课程思政"是指高校在专门的"思政课程"之外的课程(包括综合素养课和专业课)教学中融入思想政治教育。本书的焦点是狭义的"课程思政"。

"课程思政"是对高校思政教育直接渠道"思政课程"的拓展和深化,是建构高校"大思政"教育体系,贯彻和践行习近平总书记要坚持把立德树人作为中心环节,把思想政治工作贯穿教育教学全过程,实现全程育人、全方位育人殷切要求的重要举措。2017年年底,教育部党组印发的《高校思想政治工作质量提升工程实施纲要》,明确提出要大力推动以"课程思政"为目标的教学改革。本书探讨以"课程思政"为目标的教学改革需要关注的三个着力点。

一、着力提升专业课教师的"课程思政"意识、素养和能力

专业课教师是实施"课程思政"的主体,是课堂教学的第一责任人。

他们的思政意识、思政素养和思政能力对于"课程思政"教学改革的成功至关重要。

思政意识事关专业课教师是否有意愿和积极性实施"课程思政"。不同于思政课教师，专业课教师对于"课程思政"实际上具有较大的自由裁量权，对于讲什么、讲多少、如何讲、采用什么话语方式、运用什么教学方法和手段等方面都有较大的选择空间。这意味着，专业课教师的思政意识、对"课程思政"的认同感和使命感，在很大程度上决定着他们的"课程思政"积极性和努力程度。你可以强行把马拉到河边，但你无法强迫马喝水。因此，激发和培养专业课教师的"课程思政"意识是"课程思政"教学改革的首要任务。除思政意识外，专业课教师还必须具有相当程度的思政素养和思政能力。一般而言，这是专业课教师的"短板"，需要大力补齐。为了解决专业课教师的"课程思政"意识、思政素养和思政能力，需要在如下五方面采取措施。

1. 要提高专业课教师对专业课"思政"功能的认识

育人不只是思政课教师的职责，也是专业课教师义不容辞的基本使命。2014年教师节，在同北京师范大学师生代表座谈时，习近平指出："好老师首先应该是以德施教、以德立身的楷模。师者为师亦为范，学高为师，德高为范。"[1]专业课教师不仅应该是学生学习知识和创新思维的引路人，而且也应该是学生锤炼品格和奉献祖国的引路人。中共中央国务院《关于全面深化新时代教师队伍建设改革的意见》突出强调，要"推动教师成为先进思想文化的传播者、党执政的坚定支持者、学生健康成长的指导者"。

2. 要完善"课程思政"的体制机制，健全绩效考核管理

考核是指挥棒，是导航仪，教师做什么和怎么做，在很大程度上取决于他们对考核什么和如何考核的看法。科学合理的"课程思政"绩效考核和激励机制，是推动专业课教师落实立德树人根本使命、改进思政教学、防止空洞说教和形式主义的关键。天津市教工委和教委，要求天津各高校将"课程思政"建设列入学校重点工作，将参与"课程思政"的工作情况，与教师的年终考核、职称晋升、职务调整、工资待遇挂钩，设立"课程思政"专门奖励激励机制，形成了推进"课程思政"建设的良好氛围。

3. 要消除"思政"会冲淡专业教学的思想顾虑和误解

有的教师担心，专业课引入思政内容会冲淡专业学习，会影响专业内容的进度。这种顾虑有一定道理，因为如果处理不好"思政"与专业的关系，如果不能将思政内容有机融合到专业课教学中，出现生拉硬扯、"两张皮"现象，那么，极有可能出现事与愿违、适得其反的后果。但是，如果处理得当，做到"基因式"融合，那么，就会产生"思政"与"专业"相长的良好局面。思政就像一把"盐"，溶进专业教育的"汤"，"汤"在变得更可口的同时，也能真正让学生获益，达到育人功效。

4. 要提高专业课教师的思想政治理论水平

本领不是天生的，是要通过学习和实践获得的。专业课教师首先要系统学习、领会和掌握马克思主义基本理论，老老实实、原原本本、坚持不懈反复学习马克思列宁主义、毛泽东思想、邓小平理论、"三个代表"重要思想、科学发展观，特别是习近平新时代中国特色社会主义思想。要将《习近平谈治国理政》等理论著作作为案头必备的常用书。其次，专业课教师也要学习党的路线方针政策、国家法律法规以及党史国史，正确认识党情国情，做到知史爱党、知史爱国。最后，要学以致用、用以促学、学用相长，提高运用马克思主义的立场、观点、方法观察、分析和解决现实问题的能力。

5. 要提高专业课教师辨别、抵制和批判错误思潮和言论的能力，坚定理想信念

习近平同志强调："要正确把握学习的方向。忽视了马克思主义所指引的方向，学习就容易陷入盲目状态甚至误入歧途，就容易在错综复杂的形势中无所适从，就难以抵御各种错误思潮。"[3]因此，政治正确是"课程思政"的基本要求，专业课教师一定要坚持正确的政治方向，站稳政治立场，强化政治意识，增强政治定力，严肃政治纪律和政治规矩，提高政治鉴别力和政治敏锐性，自觉抵制西方价值观念的侵蚀，防止不知不觉中成了西方资本主义意识形态的吹鼓手。

二、深入挖掘专业课蕴含的思政元素

与专门的思政课有现成的教材和教学资料不同,"课程思政"需要专业课教师自己去发掘课程所蕴含的思政元素。因此,挖掘思政元素是"课程思政"教学改革的基础和重点工作。课程思政元素的挖掘度取决于多种因素,做好挖掘工作需要采取以下 6 个方面的措施。

1. 要充分认识不同类型课程的差别和特点,具体问题具体分析,找准挖掘的着力点

高校学科门类众多,课程不计其数。考虑到不同课程的"思政元素"蕴含量不同,为了实现事半功倍的效果,挖掘应有序推进,先"富矿"再"贫矿"。比较而言,哲学社会科学课程的思政资源蕴含量显然高于自然科学课程。习近平在哲学社会科学工作座谈会上的讲话指出,在新形势下,我国哲学社会科学地位更加重要、任务更加繁重。"五个面对"迫切需要哲学社会科学更好地发挥作用。因此,思政元素挖掘应该首先着力于哲学社会科学,特别是哲学、新闻传播学、经济学、政治学、法学、社会学、民族学、历史学等课程的思政资源挖掘。当然,并不意味着理工类课程没有"守好一段渠"的责任、不需要挖掘思政元素,而是说挖掘要考虑课程类型、课程特点,实事求是,各有侧重。譬如,与哲学社会科学类课程的思政元素相比,自然科学类课程思政元素的挖掘,重点在于体现马克思主义哲学原理的科学思维,探索追求真理的科学精神,热爱祖国、服务人民的伟大情怀,运用科学造福人类而不是毁灭人类的科学伦理。

2. 要思政课教师和专业课教师密切合作

这一点在"课程思政"开展的初期尤为重要。前面已经强调,"课程思政"需要着力提高专业课教师的思政素养和思政能力。理想的情况是,具有足够高思政素养和能力的专业课教师能够自行挖掘所教课程的思政元素,但现实与理想还有较大的距离,譬如,专业课教师一般对于到底什么构成思政内容,哪些内容才是最核心、最重要的认识还比较模糊,还难以

准确把握课程蕴含的思政元素。这就好比不认识某种宝贵矿物的农夫，在自己的土地上看到了该矿物也可能当作毫无用处的石块而扔到一边。因此，为了更好地识别和挖掘课程的思政元素，专业课教师在提升自己的思政素养和能力的同时，也需要"探矿专家"思政课教师的指引和帮助，需要思政课教师和专业课教师的密切合作。为此，高校应该搭建便利两类教师合作的平台，创新管理体制机制，鼓励多种形式的合作，如集体讨论备课、召开专题研讨、合作撰写论文和申报课题等。

3. 要加强顶层设计，做到多门课程相互配合，实现思政元素的系统性挖掘

思政元素挖掘既可以采取各门课程各自为政、单打独斗的方式，也可以多门课程相互配合，系统推进。应该提倡协同作战、系统挖掘方式，即以专业培养方案为载体，首先确定专业层面的总体培养目标和挖掘要求，然后，将目标和要求分解到课程群，最后再细分到每一门课程。系统性挖掘，一方面可以使不同课程的教师相互启发、避免重复性工作；另一方面有利于同一专业内部的"课程思政"同向同行，形成合力。

4. 要用好互联网平台，实现教师的校际合作挖掘

2019年年初，教育部全国高校思想政治工作网上线开通。这是高校思政工作的一件大事，广大教师可以从中了解全国高校思政工作的最新动态等多方面的信息。就思政元素挖掘而言，思政网的"高校思政供稿系统"可以成为典型经验的交流学习平台。此外，高校同类专业、相同课程的教师可以通过专门的微信朋友圈，共同探索专业课思政元素的挖掘和其他教学问题。

5. 要充分发挥各级专业教学指导委员会在课程思政元素挖掘中的指导作用

就全国和省级层面而言，需要以教材指导委员会为依托，组织协调各高校相关专业的专家和骨干教师开展思政资源挖掘方面的研究，并尽快制定和出台指导性意见。

6. 要认识到思政元素挖掘决不是一次性工作，需要与时俱进，不断地充实和完善

究其原因，一方面，随着挖掘工作和"课程思政"教学实践的展开，教师的认识会不断提高，通过反省会发现，先前未认识到的重要的思政元素需要补充进来；另一方面，思政内容本身也是动态的，随着时代的发展和中国特色社会主义伟大事业的推进，新理念、新思想、新理论、新战略会不断形成和产生并转变为不可或缺的思政内容。习近平新时代中国特色社会主义思想是马克思主义中国化的最新成果，是全党全国人民为实现中华民族伟大复兴而奋斗的行动指南，实现习近平新时代中国特色社会主义思想"进教材、进课堂、进头脑"是包括"课程思政"在内的当前高校思政教育的重中之重。

三、着力解决"思政"与"专业"有机融合的难题

"课程思政"课堂教学改革，要做到"教书"与"育人"的有机统一，思政内容与专业知识要有机融合，要把专业课讲出"思政味"，绝不能出现"两张皮"现象，不要空喊口号，更不能庸俗化。陈宝生部长指出："要认真研究党的理论创新成果与各学科专业理论知识的融合方式，既不能做'比萨饼'，也不能做'三明治''肉夹馍'。要做成'佛跳墙''大烩菜'，真正将习近平新时代中国特色社会主义思想融入教材之中。"[4]如果专业课教师为了"思政"，生拉硬扯，把与专业毫不相干的内容塞进课堂，不仅起不到育人功效，甚至可能弄巧成拙、适得其反，滋生学生对思政的反感情绪，而且也会损害专业课程自身的知识图谱、逻辑体系和内在有机结构。因此，"课程思政"必须尽力做到"思政"与"专业"有机融合。借用化学术语，融入思政的专业课不应该是"悬浊液"或"乳浊液"而应该是"溶液"。如何做到有机融合是当前以"课程思政"为目标的教学改革亟待解决的难题。因此，需要在如下三方面下功夫：

第一，要找准"思政内容"与专业知识的契合点，通过系统性的课程设计，以无缝对接和有机互融的方式，建立生成性的内在契合关系，做到

"基因式"融合。

就一门课程而言，教师应该基于本课程思政元素的挖掘，遵循"思政""专业"相长原则，仔细绘制"课程思政元素地图"，明确课程中每个思政元素的切入点，厘清思政元素与专业内容之间的关系，梳理各思政元素之间的关系，做到心中有数、有迹可循。课程思政元素地图也可以在课程群和专业层面运用。更高层面的课程思政元素图，有利于各门课程在思政方面协作和配合，形成网络，提升融合高度，实现更好的育人效果。上海师范大学的"课程思政"教学改革值得借鉴。改革注重整体规划，从聚焦课程到聚焦专业，将思政元素融入专业培养方案。先确定专业的课程思政目标，再设定各类课程群的目标，最后每门课程围绕课程群的目标进一步细化落实。

第二，思政融入要立足学科的特殊视野、理论和方法，采取化整为零、"重点"突出的策略，在"深"字上下功夫，做到深度融合。

比如，新发展理念包括创新、协调、绿色、开放、共享五大理念，各理念相互贯通、相互促进，是具有内在联系的集合体。但是，由于时间以及专业课内容的限制，很难将新发展理念一次性有效融入专业课教学。强行一次性接入课堂的育人效果必然会大打折扣，甚至适得其反。有效的办法是：在充分提醒学生注意新发展理念是一个相互贯通、具有内在联系的整体的情况下，采取化整为零、分散推进、突出重点、深入分析的策略。例如，在微观经济学课程中讲"生产函数"，或者在宏观经济学课程中讲"经济增长模型"时，可以重点融入"创新发展理念"，通过增长模型和增长核算方程的讲解，让学生深入理解创新是引领发展的第一动力，坚持创新发展是应对发展环境变化、增强发展动力、把握发展主动权，更好引领新常态的根本之策。其他的理念可以分散融入相关的专业内容之中：讲"产业结构"和"区域不平衡问题"时，融入"协调发展理念"；讲"外部性理论"时，融入绿色发展理念，树立"绿水青山就是金山银山"的意识；讲"比较优势理论"时，融入"开放发展理念"；讲"公平与效率"时，融入"共享发展理念"，等等。

第三，融入思政元素要以学生关注的、鲜活的现实问题为切入点，以课堂为出发点，因势利导，鼓励学生个人或团队做延伸性学习或研究。

问题是时代的声音，人心是最大的政治。抓住问题才能抓住人心。只要结合专业，引导学生思考和探究国计民生中的热点问题，就能做到"思政"与专业相长，达到事半功倍的育人效果。例如，在博弈论或产业经济学课堂中，学习"寡头市场理论"时，可以引入美国（波音公司）和欧盟（"空客"公司）政商合谋试图扼杀中国大飞机制造业的案例，鼓励学生课后收集国际大飞机制造业的数据和相关资料，认清美欧串通遏制中国发展的伎俩和事实，认识我国的应对策略和取得的伟大成就，激发学生的爱国精神，帮助他们树立为实现中华民族伟大复兴的中国梦而学习的责任意识。

第四章
"课程思政"教学改革的设计思路

　　自 2016 年全国高校思想政治工作会议确立了高校"立德树人"的人才培养目标后,"课程思政"就成为目前高校教学改革的重要方向。各高校因地制宜,探索出了不少成功的做法,涌现了一批精品课。如教育部牵头,各地教委负责,集中各地名师的"学习新思想千万师生同上一堂课"已在各地陆续开讲;由复旦大学、上海交通大学等高校承担的"创新中国""治国理政""读懂中国""中国道路"等"中国系列"课程,集中优质师资,讲授内容紧扣中国发展和学生关切;武汉大学推出了"院士课堂",通过两院院士的言传身教,把面向大一新生的"测绘学概论"专业学习与爱国教育有机结合;上海中医药大学在"遗体解剖课"中加入了感恩遗体捐赠的第一堂课,引导学生思考生命的价值。"课程思政"旨在建立"大思政"的格局,其关键是打造"课程思政"的长效运行机制,及时总结经验,使之深化、优化、固化下来。综合来看,从各大高校"课程思政"的改革实践可以概括出"寓道于教"的改革路径。此路径中"教"是高校"课程思政"改革的核心,"道"是"教"所要实践的对象,"寓"是"教"实现"道"的方法。

一、"课程思政"改革的设计思路

　　在"课程思政"改革中,笔者认为应该始终围绕目标、目的和手段三个方面来展开,如图 4-1 所示。

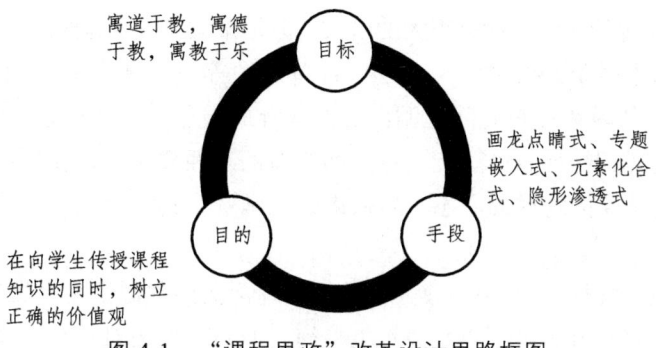

图 4-1 "课程思政"改革设计思路框图

（一）寓道于教

结合图 4-2 看寓道于教，引用上海出版印刷高等专科学校张淑萍老师的话"重复的事情用心做，你就是赢家"，这句话在张淑萍老师身上得到了最好的诠释。作为我国印刷人的唯一代表，张淑萍在第 43 届世界技能大赛"印刷媒体技术"项目上与世界各地的高手比拼，最终摘获银牌。在参加世界技能大赛的前 4 个月中，经选拔后只剩下张淑萍一人。其间，她每天七八个小时泡在机器上，没有更多的新鲜内容刺激神经，每天需要做的就是反复练习。在学校上学的 3 年里，她多数时间都放在练习上，几乎没有多少闲散时光。从长假到午休，她一直有条不紊地自我练习与提升。这虽然

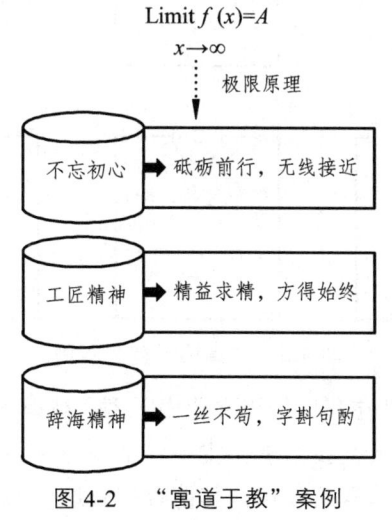

$$\text{Limit} f(x) = A$$
$$x \to \infty$$

极限原理

不忘初心 → 砥砺前行，无线接近

工匠精神 → 精益求精，方得始终

辞海精神 → 一丝不苟，字斟句酌

图 4-2 "寓道于教"案例

和她当时设想的大学生活有很大的出入，但是张淑萍喜欢这样的充实和丰富。

"我们平时都是练调墨、裁切、设备维护等一些基本功。"虽然是基本功，但比如如何在最短时间里调出恰如其分的墨色，实际上是个"技术活"。难得的是，张淑萍愿意琢磨。"每天都有新的东西要学习、要钻研，很有价值。"也正是保持这样的心态，她从市赛、国赛，到世界大赛，一步一步走了过来。

以调墨过程中的水墨平衡工艺来看，理论上的水墨平衡是无法实现的，含水15%~26%的油墨才能实现水墨平衡，如同矛盾的对立统一规律，在对立中实现统一。

（二）寓德于教

图4-3用数学积分的方式表达了寓德于教是一个长期累积的过程，对高职学生的德行教育也正是一个不断浸润的过程。专业课授课过程中，教师讲述某个专业点的时候完全可以融入"德"的教育，比如在印制方面可以学习毕昇、王选和万启盈等人物的事迹，了解他们的功绩。榜样的力量是无穷的，榜样的言行有示范效益。

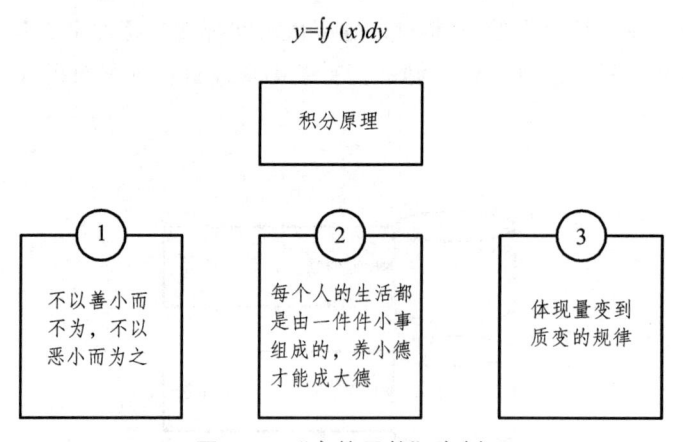

$$y=\int f(x)dy$$

积分原理

1. 不以善小而不为，不以恶小而为之
2. 每个人的生活都是由一件件小事组成的，养小德才能成大德
3. 体现量变到质变的规律

图4-3 "寓德于教"案例

"百行以德为首。"在我国传统文化中，"德"被理解为一个人内心的"品质""自我觉悟"。今天，我们全面实施以德育为核心、以培养创新精神和实践能力为重要内容的素质教育，其德育核心地位的确立，是教育理念上

的一次深刻的变革。所以，对学生的教育，毫无疑问，当以德为首。

另外一方面，目前的德育教育绝大部分还仅限于校内，其效果远远还不够。因此，关起校门进行单纯的教育，在现代教育中肯定是行不通了。教育应该是各种教育力量的综合，既有来自校园的，也有来自家庭的、社会的。所以，还应该组织学生走出校门，进入社区，从而实施更大范围的德育教育。

（三）寓教于乐

寓教于乐是把宣传和思想教育的内容渗透到学生的娱乐活动之中，是宣传工作和思想政治工作的一种方法。如通过看电影电视、讲故事、学唱歌曲、欣赏音乐美术作品等娱乐活动，开展对学生宣传和思想教育活动。要达到寓教于乐的目的，就要在开展宣传教育活动时，特别是在学习的第二课堂中，注意选择健康、有益、向上的活动内容，形式上生动活泼、丰富多彩。其表现形式、方式及效果如图4-4所示。

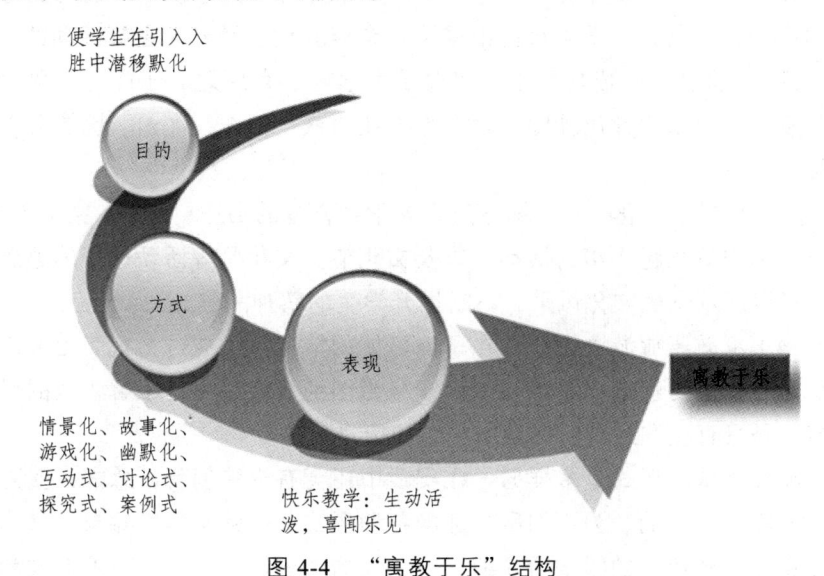

使学生在引入入胜中潜移默化

目的

方式

表现

寓教于乐

情景化、故事化、游戏化、幽默化、互动式、讨论式、探究式、案例式

快乐教学：生动活泼，喜闻乐见

图 4-4 "寓教于乐"结构

1. "寓教于乐"基本形式

（1）寓教于师生的文艺演练。即用戏剧、舞蹈、歌曲、相声等形式进

行的思想教育。让正确的人生观、价值观占领思想文化阵地，唱响主旋律，使人在文艺活动中感受、认知真善美。一曲《歌唱祖国》，可以把世界华人凝聚在一起；一支《没有共产党就没有新中国》，可以更加坚定人们坚决跟党走的决心和信心；一剧《红岩魂》，可以净化市场经济条件下人们的心灵；一部《长征》，可以激励亿万人民增强克服困难的信心和勇气。因此，江泽民同志明确地要求我们："不断发展健康向上、丰富多彩的、具有中国风格、中国特色的社会主义文化，满足人民群众日益增长的精神文化需求，引导广大人民群众从思想上、精神上正确武装和不断提高起来。"

（2）寓教于体育活动。即通过篮球、排球、乒乓球等活动和田赛、径赛等竞技活动进行思想教育。目前，学生中开展的篮球、排球、乒乓球、羽毛球等比赛，既不占较大场地，又能提高身体素质，为开展全民健身运动打下基础。同时，体育活动不仅可以强健人们的体魄，而且可以培育学生的竞争意识、爱国情操、集体主义精神以及不畏艰难、知难而进的品格。北京申奥的成功，已经远远地超出了体育的范围，它成了全球华夏儿女团结一致的动力。一场体育比赛夺得金牌，国旗冉冉升起使人们的爱国之情得到升华；北京大学学生自愿组成了一个以登山、攀岩为主要活动的"山鹰社团"，通过多次成功登山，培育了大学生"存鹰之心于高远，取鹰之志于凌云，习鹰之性以涉险，融鹰之神在山巅"的志在高山、挑战极限的精神。

（3）寓教于文化生活。即通过开展学生喜爱的书法、摄影、文学创作、集邮、编织等兴趣小组的活动，以及文化节、文化月等活动进行的思想教育，可以展示学生文化风采，不断提升学生的精神品位。

（4）寓教于旅游观光。即在条件可能的情况下，通过参观名山大川、革命圣地、历史遗迹，可以使人们领略祖国的大好河山，了解各地的风土人情，是最直接和最现实的爱国主义和历史教育。

寓教于乐的形式是多样的，在实践中还会有很多创新，总之，就是要以与内容相适应的、为人们所欢迎的各种形式吸引师生积极参与。这当中要注意把多种形式的娱乐活动纳入一个大的主题教育中去，力求形式和内容统一，不断提高活动档次和水平，这样才能增强活动的渗透力和吸引力，才能提高教育的效果。

2."寓教于乐"基本作用

（1）它可以凝聚力量。文体活动是一种"黏合剂"，它通过宣传企业精神和共同价值观念，把广大职工紧紧地团结在一起，使大家心往一处想，劲往一处使，稳定队伍，群策群力，共谋发展。例如：北京铁路局在 2000 年面临运输市场激烈竞争、经营面临巨大压力的情况下，全路各级组织除了逐级传递压力之外，还通过多种文艺形式，宣传路局增收、挖潜 4 个亿的决定，使路局要求家喻户晓，从而激发了干部职工的积极性，全局上下同心同德，开源节流，取得了强化经营的良好结果。

（2）它可以引导指向。"随风潜入夜，润物细无声"，文体活动中的价值导向和行为导向是无声的命令，潜移默化地引导着职工，影响着社会。如以"世纪列车欢迎您"为主题的文艺演出，让更多的旅客了解了铁路，为铁路走向市场，参与竞争树立良好形象做出了应有的贡献。可见，文艺活动要科学地确定其主题，适应当代人的文化生活需求，既不能用低俗的东西迎合少部分人，又不能脱离时代的特征、脱离群众。

（3）它可以激励进取。文化活动通过宣传党的政策和改革发展中涌现出的大量忘我工作、无私奉献的先进典型及前所未有的业绩，可以激励人们再接再厉，更上一层楼。例如：许多单位结合年度"大表彰"和评选先进职工之家活动，不仅采用了戴光荣花、照全家福、挂光荣匾等表彰形式，还把其中的突出人和事编成各种节目，广泛宣传，以弘扬先进，鼓舞人们继续搞好工作的积极性。群众反映，歌唱身边的人和事，看得见，学得实，宣传成了加油站，组织上给了我们这么高的荣誉，我们更应该好好学习和工作。

（4）它可以培育风气。利用文化室、文化园、校园之家等师生活动阵地，把思想教育融于活动之中，使之不仅有组织、有队伍，而且经常开展有益身心、有益生产的文体活动，就使正确的东西占领了阵地。让师生在娱乐中追求生活的真善美，进而培养良好的风气。

（5）它可以增长技能。文化活动的有些内容（如计算机技能大赛等），动手能力很强，不但发展了个人爱好，而且还锻炼了大家为人民服务的本领。

二、抓好课堂教学，守好思政教育的主阵地

要实现高校"立德树人"的目标，课堂教学无疑是主阵地。但课堂教学不限于传统的思想政治理论课课堂，还包括专业课堂和综合素养课课堂。"课程思政"改革就是为了解决思政课程和非思政课程未能协同育人的状况，使思政课与专业课和综合素养课在思政教育上协同发力、同向同行。具体而言，思政课程仍是对大学生进行思想政治教育的传统阵地，但其他课程也要树立思想政治教育的意识，和思政课程一起，合力承担好"立德树人"的工作。习近平总书记在2016年全国高校思想政治工作会议上强调："思想政治理论课要坚持在改进中加强，提升思想政治教育亲和力和针对性，满足学生成长发展需求和期待"[1]。"思政课程"在"课程思政"中的作用有以下两个方面。

（一）"思政课程"仍是大学生思想政治教育的主阵地

思想政治理论课是对大学生进行系统思想政治教育的专门课堂，如何应对多元化的非主流思潮的影响，这对于传统的思想政治教育提出了更高的要求。传统的思想政治理论课程，面对如何以学生为本，回答好、解决好学生的关切，增强学生的思政课获得感等问题，必须从内容和形式上不断创新。从内容上来讲，思政课不仅要系统地介绍马克思主义的世界观和方法论，培养学生的马克思主义观，树立共产主义的远大理想，坚定共产主义的理想和信念，还需从中国特色社会主义的探索实践中讲好中国特色社会主义理论、制度和道路形成的历史必然性和现实合理性，增强学生对中国特色社会主义的认同感。此外，还要讲清当下中国国内外的形势，使学生认清中国面临的机遇和挑战，明确青年人的使命，自觉投身于中国特色社会主义建设的伟大事业，将个人梦想主动融合于民族梦想，为民族复兴和中国特色社会主义努力奋斗。从形式上讲，思想政治理论课要本着寓教于乐的理念，创新教学方式，利用好新媒体，提高学生的课堂参与度，调动学生的积极性，形成师生间的良性互动，使思政课真正入脑入心。

（二）"思政课程"要在"课程思政"中发挥引领作用

因为思政课教师是从事思政教育的专门教师,在大学生思想政治教育方面具有专业优势,因此,"思政课程"在"课程思政"的实施中必须发挥好引领作用。一方面要做好马克思主义世界观和方法论的凝练,做好中国特色社会主义理论最新成果的凝练,为马克思主义和中国特色社会主义最新理论成果走进其他课堂提供理论支撑。同时,还要做好"课程思政"改革的理论研究工作,及时总结经验,积极探索"课程思政"改革的创新机制,积极推动"课程思政"改革长效工作机制的形成,为"课程思政"改革提供方法论支撑。

三、拓展思想政治教育的外延,打造协同育人体系

高校课程思政"寓道于教"的实现路径中的"教"除了课堂教学中老师的言传和身教,还渗透于高校日常教学管理中,渗透于各种教育和管理的规范中,渗透于高校教育和教学的各项机制中。"课程思政"实施之前,各高校之间、高校的各系部和部门之间在思政教育上各自为政的多,协同育人的少。而"课程思政"目的就是共筑协同育人的大思政格局。这个协同育人的大思政格局,除了前文分析的是思政课程和其他课程同向同行合力进行思政教育的问题,也是学校内部各职能部门和系部之间协同育人的问题,还是各高校之间资源整合协同育人的问题。

从学校内部来讲,从学生的培养计划和方案,到学生和老师的行为规范和守则,再到各职能部门和各系部的职能设置和日常工作都要体现"课程思政"的要求,将"立德树人"作为高校运行的总目标,真正解决好"高校培养什么样的人、如何培养人以及为谁培养人这个根本问题",共筑全员育人和全体系育人的机制。"课程思政"改革以来,各高校都成立了党委牵头的"课程思政"改革推进小组,课程思政的意识也由最初的排斥转到重视。"课程思政"改革要取得实效就必须把工作做细做实,避免浮于表面,避免一阵风。要使"课程思政"改革的成果巩固下来,需建立课程思政工作的长效机制,因此,必须加强"课程思政"的制度化建设,用制度化的文件明确各系部职能部门的职责,明确考核标准,责任具体到人。同时,

要及时总结"课程思政"的经验，将成功的实践写入教学大纲和学生的培养计划中，写入学校的管理规范当中。

从学校外部来讲，各高校之间也要发挥好各自优势，共筑协同育人机制，这方面已有一些尝试。如由复旦大学、上海交通大学等沪上高校承担的包含42个专题的"中国系列"课程，在选题上既有总体设计，囊括了新时代中国内政和外交的主要方面，同时又发挥了各校的专业特色，是搭建跨学科思政教育平台的成功尝试。最近由教育部牵头，由各地教委具体负责，集中了各地名师的"学习新思想千万师生同上一堂课活动"已在全国各地陆续启动，这也是高校发挥各自优势、协作育人的范例。各地应该加强这方面的探索，在现有的协同育人机制的基础上，探索新的形式，充实新的内容，形成高校间协同育人的长效机制。

四、模块化"道"的内涵，明晰课程思政的实践对象

习近平总书记指出："我国高等教育肩负着培养德智体美全面发展的社会主义事业建设者和接班人的重大任务，必须坚持正确政治方向。"[3]高校"课程思政"改革首先要解决的是社会主义大学的办学方向问题，也就是为谁培养人的问题。社会主义大学培养的是社会主义建设者和接班人，这些人才首先必须认同中国特色社会主义理论，认同中国特色社会主义制度，认同中国特色社会主义道路，认同中国特色社会主义文化，坚定中国特色社会主义的理论自信、制度自信、道路自信和文化自信。为此，必须确立马克思主义在高校意识形态领域的主导作用，强化马克思主义世界观、方法论及社会主义核心价值观在高校意识形态工作中的领导地位。唯有如此才能抵御形形色色的非主流价值观的不良影响，坚定社会主义人才培养方向，培养社会主义合格的建设者和接班人。

合格的社会主义建设者和接班人除了能坚持正确的政治方向外，还需要"德、智、体、美"全面发展。因此在"课程思政"实施的过程中，除了贯彻好马克思主义的价值观和方法论，还要将人文素养教育、职业素养教育、法治观教育等现代公民教育贯彻其中。

为实施好"课程思政"，在重视思政课教师培训的同时，也要重视非思政

课教师在思想政治教育方法和内容上的培训，强化非思政课教师思政教育的意识，提高非思政课教师的马克思主义理论修养。同时，为保证"课程思政"有抓手，能落到实处，应将"道"的内容模块化，让非思政课教师有可以参照的模板。这个模块既要包含大学生思想政治教育的主要方面，同时也要简便易操作。一般来说，这个模块大致包括：马克思主义唯物史观和辩证法教育，中国特色社会主义理论、道路、制度和文化认同教育，共产主义理想和信念教育，青年人的使命担当教育，现代公民的职业观、民主观、法治观教育等。各校可基于此编写一些简单易行的小册子，便于非思政课教师参与课程思政。

五、创新"寓"教的方法，增强课程思政的实效性

思想政治教育传统的灌输论已无法适应现代思想政治教育的要求，特别是在"课程思政"的大背景下，专业课也要体现思政教育的功能，只能将思政教育的要素嵌入非思政课程当中。要做到"寓"道于教，春风化雨，润物无声。如何实现好"寓"教，综合"课程思政"改革来的各校实践，可以总结出专题嵌入式、元素化合式、画龙点睛式、隐形渗透式等寓教的方式。

（一）专题嵌入式

在讲授具体专题时，嵌入"道"的元素，将知识目标和"课程思政"的目标有机融合。如上海中医药大学的"人体解剖学"课程将教学目标分为知识目标和情感目标，不仅强调解剖技能的传授，更注重学生对生命意义的思考、对作为医科学生责任的审视。使课程既让学生敬畏生命、感恩回报，也为之后的实践操作奠定情感基础。如上海出版印刷高等专科学校在"印刷过程与控制"的课程中讲授专题"水墨平衡"也采用专题嵌入式[5]。平版胶印是现今应用最广泛的印刷技术之一，其著名原理就是"水墨平衡"。许多学生都误认为"水墨平衡"就是"油水不相容"。但在现代平版胶印过程中，印刷中的"水"和"墨"是在高速、高压的过程中相互接触、相互作用的。如果以相对静止的观点去分析这一问题，将无法正确理解水墨平

衡的概念。实际情况是"水"和"墨"两种互不溶解的液体在高速高压状态下，油水间的相互作用发生了显著的变化，一种液体以微滴的形式分散到另一种液体中，产生"乳化"现象，形成"油包水"型稳定的乳状液。且乳状液中"水"和"墨"的比例也是动态变化的，只要控制在一定的范围内，平版胶印就可以顺利印出高质量的产品。在"水墨平衡"的讲授中，嵌入对立统一规律的阐述，既揭示了印刷过程中的矛盾运动发展、两点论、重点论、量变到质变规律，又加深了学生对"水油平衡"的深度理解。

（二）元素化合式

$2H_2+O_2=2H_2O$ 中 H 元素和 O 元素结合后生成了水这种全新的物质。元素化合式的改革思路就是以马克思主义世界观和方法论作为具体课程的指导方法，使该课程成为以马克思主义为指导的全新的理论学科。如复旦大学"国际关系学导论"课程将马克思主义国际关系理论有机地结合起来，站稳马克思主义基本立场[6]。用马克思主义及其中国化的理论成果的观点、方法，将古今中外的国际关系知识尽可能地转化，形成以马克思主义为指导的课程内容体系，使该课程在科学性上有了一个质的变化，成为一个全新的以马克思主义为世界观和方法论的课程。另外在诸如桥梁建设类的课程中也可以融入思政元素，如图 4-5 所示。

①	②	③
在讲授桥梁建造时，知识点包含各种桥梁的结构定义、特点。所介绍的建筑家有中国的，也有外国的，他们的共同特点都是爱国主义	教学过程是从我国桥梁建入手，先让学生对中国古代知名桥梁有所了解，把著名的桥梁和修建者介绍给大家，激发民族自豪感	再引入国外的代表性的知名桥梁，使学生在了解国外桥梁的同时，增强文化自信

图 4-5 "元素化合式"案例——桥梁建设

文科"财经法规和会计职业道德"课程中往往有这样的案例，如：

（1）2013 年 5 月 10 日，证监会公布处罚决定。万福生科公司被罚款 30 万元，其董事长、CFO 各处以 30 万元的罚款，其余 19 名高管分别处以

5万元至25万元的罚款。

（2）平安证券被给予警告，没收保荐收入2550万元，并处以两倍罚款，暂停三个月保荐资格，对保荐代表人处以30万元罚款，撤销保荐人资格、证券从业资格，终身证券市场禁入。

（3）中磊会计师事务所被没收138万元收入，处以2倍罚款，撤销证券从业许可，对于鉴定会计师处以13万元罚款，终身市场禁入。

上述案例都可以将思政元素融入课程教学中，具体如图4-6所示。

财经法规 → 会计职业道德 → 社会公德

财务人员要自觉遵守各项法律制度，恪守会计职业道德，知法、守法、敬法，不做违法的事情

一定要养成慎独慎欲、慎醒慎微的好习惯，培养高尚的道德品质，任何时候自觉遵守会计职业道德

社会主义核心价值观的诚信原则，诚实守信

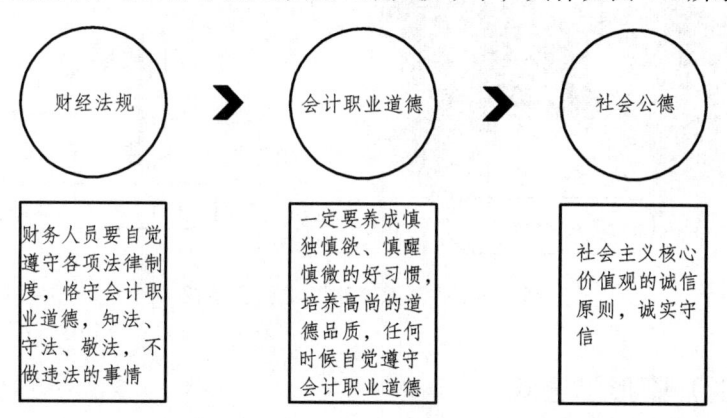

图4-6 "元素化合式"案例——财经法规和会计职业道德

（三）画龙点睛式

关键点精准发力，往往效果事半功倍。在知识点的传授过程中，讲清楚基本知识点后，将思想政治教育的内容加上，往往能起到画龙点睛的作用。如 $y=\int f(x)dx$ 积分公式的本义是通过把不能求长度的曲线，通过无限次分割成为无限小的可以求长度的小段。在求出小段的长度之后，将这些无限的小段累加求和最终就会得出曲线的长度。如果把 dx 看成一个量（可大可小），$f(x)$ 看成所做到的事，$\int$（积分）就是量的积累的过程，y 值就是最后所能达到的结果。不论是好事还是坏事，即使 dx 是个很微小的量，但经过 $\int$（积分）不断地累积，就会达到一个可以测量的量，好似从量变积累到一定程度就会产生质变的结果。勿因善小而不为，正如习近平总书记所言，每个人的生活都是由一件件小事组成，养小德以成大德。勿因恶小而为之，"小"坏事做得多了，积累到一定程度也会产生非常坏的影响。因

此，在讲完有些知识点时，用思想政治教育的要素，可以让知识点变得鲜活，让课堂变得生动有趣，从而起到画龙点睛的效果。

画龙点睛式

对知识点和技能点的简明提示，如在讲课中涉及到毕昇、王选、万启盈等内容，进行社会主义价值观、辩证法、职业素养的点睛

寓德于教

图 4-7   "画龙点睛"式融合手段

（四）隐形渗透式

言传不如身教，教师的专业储备、政治人文素养以及认真敬业的态度就是专业教育和思政教育的有机结合。教师为人师表、以身作则、言传身教，对学生的道德及课堂纪律的严格要求，都会对学生产生潜移默化的影响。教师不仅要加强自身专业储备，注重科研，满足学生在专业上的要求，还要加强自身政治和人文素养的培养，在潜移默化中做好学生的引路人。

综合来看，课程思政的"寓"教改革对于非思政课程而言，就是以专业知识和技能为载体开展思政教育，因而必须深入挖掘课程中蕴含的思政教育资源，从教学目标、教学内容和环节、教学策略与方法、教学资源分配等方面融入价值引领内容，在显性的专业教育中融入隐性的思政教育内容。

总之，"课程思政"要真正取得实效，必须使"课程思政"的举措落地做实。为此，必须模块化"道"的内容，创新"寓"教方法，抓好课堂教学，同时拓展大学生思想政治教育的外延，打造协同育人体系，推进"课程思政"长效机制的制度化建设，进而扭转目前高校意识形态工作的无力现状，开创高校思政工作的新局面。

第五章
"课程思政"教学改革实施的关键点

一、"课程思政"同思政课程价值的契合

"课程思政"之所以得以实行,并在试点院校初步取得成效,其原因可以归结如下:第一,知识传授与价值引领的统一。无论是哪一类课程,在传授知识的同时都要进行思想政治的教育,只是不同类型的课程要挖掘的育人因素不同。也就是说,任何通过课堂和教材所呈现的知识都要有立场的选择,都要把学生培养成相关领域德才兼备的专业人才,落实立德树人的任务。在当下,充分发挥课堂就是在课程教学中传达中国特色社会主义核心价值观,以培养担当民族复兴大任的时代新人为着眼点,培育大批社会主义合格的建设者和接班人。第二,思想政治理论课、综合素质课和专业课的培养目标和培养对象具有一致性。不同类的课程都要服从和服务于专业发展和学科建设,服从和服务于高校思想政治教育目标,最终服从和服务于社会发展要求,为社会主义现代化建设提供智力支持。

"课程思政"真正的价值本源就在于,教师在传授知识的基础上,充分发掘课程的思想政治教育因素,引导学生接受和内化,并外显于行为,不仅改造客观物质世界,还在不间断的学习中进行主观世界的武装,满足社会发展对物质层面和精神层面的需求。习近平总书记在全国高校思想政治教育工作会议上表示,要充分利用课堂教学的主渠道,不仅思想政治理论课是进行思想政治教育的主要阵地,而且要发挥其他课程的育人功能,加强其他各类课程的教育性。以传统的思想政治理论课为"主唱",带动不同

课程立德树人功能的"大合唱"。在知识传播中发挥价值引领作用，在价值引领作用中凝聚知识底蕴，并将这种教学理念融入不同课程和课程的不同环节，激活课堂的育人功能，而非机械地搬运知识。

二、改革实施关键点

"课程思政"是教育教学改革的实施部分，所以，要更好地实施课程思政，必须要有实践活动方案制定、实施和评价。在整个社会大发展的背景下，在社会主要矛盾转变为人民日益增长的美好生活需要和不平衡不充分的发展的前提下，人们的思想道德水平也有了极大的转变，但自身的实际行动有时还跟不上时代的发展需要。所以，作为传播知识与价值引领的重要平台和主要阵地的高校要做好意识形态的工作，发挥思想政治教育的导向作用。这就要求所有的课程都要担负起教书育人的职责，围绕立德树人的中心任务，守好自己的"责任田"，打造"百花齐放"的全局育人局面。具体实施起来有下列六个关键点。

（一）落实主体责任，做好顶层设计

学校党委和学校党总支要明确各类课程都有育人的功能，充分挖掘各类课程的思想政治教育资源；各科教师都有思想育人的责任和义务。在顶层设计中，要统筹协调好思想政治理论课、综合素质课和专业课的关系，努力构建三位一体的思想政治课程体系。发挥思想政治理论课引领社会主义核心价值观的主导作用；挖掘综合素质课中思想政治的意蕴，坚定学生的制度自信、理论自信、道路自信和文化自信；发挥专业课对学生进行思想政治教育强大的吸引力和影响力作用。责任的明确有利于预见问题，解决矛盾，反馈不足，在创新教育教学的过程中不断改进和完善"课程思政"的实施步骤，并对已取得的效果进行评估。同时学校党委还要走出办公室，走向讲台，不仅做设计者，更要做带头人，这样更能引起学生的兴趣，起到更好的教育效果。从高校二级学院层面出发，首先应建立完备的领导机

构体制，围绕"三全育人"的主题思想开展工作，具体分工及成员构成如图 5-1 所示。

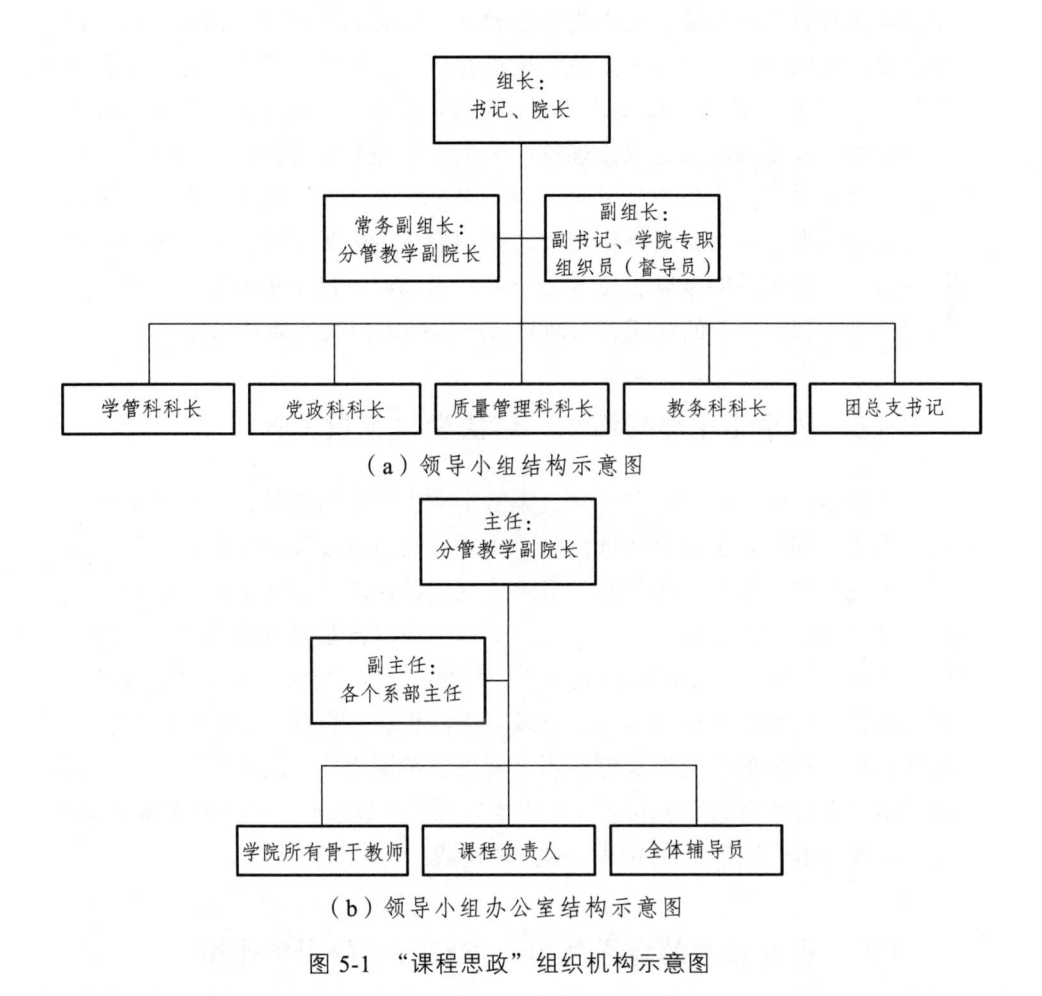

（a）领导小组结构示意图

（b）领导小组办公室结构示意图

图 5-1 "课程思政"组织机构示意图

（二）破除专业壁垒，贯通课程育人的全过程

任何课程的设立都要服从和服务于学科的发展和专业的培养目标，进而服从和服务于社会发展目标。所有的课程都是以思政课的教育目标为终点，都是要丰富人的精神世界，培养人的思想品德，使应然变成实然。所以各类课程都承载着立德树人的责任，都有可以挖掘和汲取的思想政治教

育因素，都有思想政治育人的功能。破除专业的限制，不认为思想政治教育理论课是进行思想政治教育和道德培养的唯一途径和选择，而是充分调动各类课程育人的功能，使思想政治教育走出思想政治理论课堂之后，还会有更广阔的空间。形成全方位、全过程育人的局面，实现由思政课程向"课程思政"的立体育人模型的转变。值得注意的是，在打通壁垒的过程中要注意始终以传统的思想政治理论课为主要阵地和主要渠道，始终以中国特色社会主义核心价值观为引导，以马克思主义基本理论为基础，不可因为过分强调课程的价值引领作用而忽视知识传授的重要性。因为知识的传授是进行思想引领的基础，思想和价值的引领则有助于更好地理解和运用知识，不可剥离二者的辩证关系而只讲课程的思想政治教育功能。

（三）满足学生思想需求，解决学生思想矛盾

社会多元化，价值取向多样，丰富了学生的价值选择，但同时也给学生带来了不同的思想冲突和选择。矛盾是推动事物发展的动力，所以，解决学生的思想冲突和矛盾就要针对学生现实的需求，对症下药。由于思想政治理论课的理论性过强，学生会降低对思想政治教育理论的学习兴趣，因而弱化思想政治理论课的育人效果。"课程思政"的提出就可以通过挖掘各类课程的思想政治教育因素，寓教育于课程，进行课程的再设计，会起到知识传授与价值引领的双重作用。发挥各类课程育人的教育合力，以此满足学生不同的思想需求和解决思想矛盾是"课程思政"实施的应有之义，也是以人为本、以学生为本思想的具体实践。

（四）提升教师的育人能力，发挥教师的引领作用

教师是课程实施的主体和带头人，教师的专业素养和道德品质水平对整个课堂系统来说至关重要。各类课程的教师都要发挥主体性，深度发掘所授课程的育人功能，而不只是知识的"搬运工"，否则教师只是机械地教，自然不能激发学生的学习动力，更不用说让学生内化知识中蕴含的思想教育价值。这就要求教师在准备课程的阶段，不仅要加深自身的思想道德建设，更要与时俱进，及时并且科学地将素材融入专业课程之中，切实担负

起育人的职责。同时思政课程的教师也要主动融入其他类课程的教学，发挥思想政治理论课的独有优势，打破对思政课的刻板印象，搭建教师沟通平台，这样不同学科背景的教师互动，更有利于教师"同向同行，协同育人"，进一步实现课程的"同向同行、协同效应"。

（五）紧扣时代主题，课程内容和形式与时俱进

"课程思政"要通过再设计，充分挖掘各类课程所蕴含的育人因素，这就涉及课程育人内容、课程形式的创新和与时俱进。从育人内容角度来说，就要反映社会主义核心价值观和习近平新时代中国特色社会主义思想，并将其内涵自然融入课堂教学中。而从授课形式角度讲，随着互联网和新媒体技术的发展，课程的呈现方式和辅助工具也更加先进，所以，要求教育者必须充分利用新媒体技术，将新媒体优势与传统课堂的优势结合，营造良好的课堂氛围，从而为思想政治教育创造恰当的环境。

（六）建立和健全课程评估体系

"课程思政"的目标是使各类课程成为思想政治教育的载体，对学生的思想道德进行武装，关系到学生的精神境界的提升和世界观、人生观和价值观的形成与发展，所以，需要科学的评估体系为整个"课程思政"的实施作保障。"课程思政"在实施的过程中需要及时地反馈信息，在实践的过程中需要有标准来衡量实施效果，总结经验。科学的评估体系不仅要有专家和学者的参与，思想政治理论课教师及其他课程教师和学生都应是评价的主体，这样才会得出科学的结论，真正起到推动"课程思政"发展和创新的作用。

在高校思想政治教育大发展的今天，"课程思政"与思政课程正同向发力，形成全方位、全程、全员育人的格局，共同构建思想政治教育课程体系。在认识课程育人的价值本源的基础上，要采取科学的实施路径，发挥"课程思政"强大的育人潜力和功能，培育社会主义时代新人。

第六章

"课程思政"教学改革实施的具体案例

一、高职"课程思政"方法在哪里

高校"要用好课堂教学这个主渠道,各类课程都要与思想政治理论课同向同行,形成协同效应"。这是当前关于"思政课程"的指导原则。这说明,课堂教学是"主渠道",是对以往"育人"队伍局限在党群口的提醒;"各类课程"要和思政课同向同行,是对全体专业教师的要求;形成"协同效应",说明"课程思政"和"思政课程"既有联系又有区别,要发挥各自长处"协同"育人。

目前高校文化育人存在几个方法问题:重公共课育人,轻专业课育人;重活动文化,轻课堂文化;公共课程"宏大叙事"和学生思想隔膜;校园核心文化缺乏职业教育特色;没有重视发挥校企合作文化育人的优势;人才培养方案缺乏文化育人相关规定和考核要求。

这些问题的存在,直接导致高校文化育人在课堂、载体、内容、考核等方面出现"两张皮"现象,多数人忙"教书",少数人在"育人","全员育人""全程育人"和"用好课堂教学这个主渠道"没有落到实处。如果说"思政课程"的问题主要是思政教师怎样提高理论联系实际能力和"入脑入心"水平的问题,那么,"课程思政"的问题,则主要是解决广大专业教师学会把思政元素融入专业教学、提高教书与育人融合度的问题。

对于专业教师"用好课堂教学这个主渠道"育人,一些老师心有疑虑,不知该怎样操作。有的高校在实践中标准"过高"也加重了教师的畏难情绪。专业教师尝试"课程思政"教学改革，在思想观念上，要确立"四是四不是"：不是单纯为了"完成"上级要求，而主要是为了提高课堂教学质量和"育人"效果；不是要照搬思政课的概念或代替思政课程，而是要结合专业课程挖掘思政元素，结合专业谈思想说素养讲故事；不是每一节课、每个章节都要搞思政元素融入，而是在适合有机联系、需要视角提升的时候，将思政元素融入专业教学；不是思政内容一定要用太多理论术语，而是要实际运用了马克思主义立场、观点和方法，用自己的语言把事情分析出来。

方法决定质量，态度决定努力。思政融入专业课程，当然有个融入方法的研究提炼问题，但"态度"还是第一位的。唯有把融入过程看成为学生的发展服务、为学生今后做人做事和未来职业生涯提供后劲支持，看成教师教书育人的分内事，才能真正做到做好"课程思政"。

二、教师挑起"思政"担，课程上出"思政"味

在智能控制课程里融入马克思主义理论，在船舶历史课上进行爱国主义教育。据媒体在江苏科技大学（简称江科大）采访了解到，将专业课融入"思政味"的做法已在该校蔚然成风。思政工作就像"盐"，溶进专业教育"汤"里，"汤"就变得可口，可以令学生真正获益。

为破解思政课"孤岛"难题，实现"思政课程"到"课程思政"的融合，2017 年 12 月，江科大在全校启动"课程思政聚合行动"，充分挖掘各类课程"思政元素"，将思政教育融入专业课中，力促各类课程与思政课育人"同向同行"。为强化"课程思政"顶层设计，该校制订《江苏科技大学"课程思政聚合行动"实施方案》，把立德树人放在首位，进一步落实思政工作"五大工程"33 个方面的具体任务。

如何在繁重的专业课教学中嵌入"思政元素"？江苏科技大学成立了一支由该校马克思主义学院 9 名专家教授组成的"课程思政"辅导团，在加强"课程思政"专项研究的同时，对全校其他学院教师进行"思政"培训；定期举办"聚合行动"系列讲堂，促进思政课教师与专业课教师交流、

融合，引导非思政教师将理想信念、社会主义核心价值观、校园文化等内容有效融入专业课程。同时，针对"课程思政"中存在的问题和需求，团队及时跟进，帮助非思政教师跨越"思政关"。

江苏科技大学马克思主义学院党委书记姚允柱是"聚合行动"讲堂第一位主讲人，他曾以《牢记使命，同向同行》为题给学校近百名专业课教师上了一堂特殊的"思政课"。他说，"课程思政"的核心是教师，教师要有"底线意识"，更要有"育人意识"。"课程思政"要让教师在对主流意识形态的观点有所了解后，结合专业课内容找到"思政点"，自然地上出"思政味"。

一场场主题讲座，一次次研讨交流，一轮轮专业培训，江苏科技大学的"聚合行动"引领着思政课教师与专业课教师之间不断碰撞出火花，引导非思政教师在日常教学中贯穿思政教育，并运用马克思主义观点和方法，分析教育教学中的问题，回应学生学习需求，形成"课程思政"共识。为确保"课程思政"落地、落实，江苏科技大学还开展"课程思政"教学观摩活动，要求每个学院遴选 1~2 门课程进行重点建设，并给予经费资助，努力建成"课程思政"示范课。

参与"课程思政"教学改革的宋向荣是船舶与海洋工程学院教师，他以"迎接挑战，创造中国骄傲"为主旨，结合课程实际，重新架构了材料力学课的教学，将爱国情怀、法治意识、社会责任、人文精神等元素融入力学课堂，使每堂课都成为传播正能量、弘扬新精神的园地。"以前课上老师只谈专业课知识，现在穿插一些故事和背景资料，告诉我们新时代要有新担当、新作为，我们的收获更大了。"学生胡修杰说。

和宋向荣一样，非思政课教师杜冰、陈静、薛文涛、雷飞、高彬等 10 多名青年教师承担了外语、概率论、高数、物理等专业课的"课程思政"教改，江苏科技大学因此涌现出一批"聚合行动"排头兵。"'聚合行动'关键是聚与合，聚是聚力、聚气、聚心，合是合情、合意、合向。思政课和专业课从未分割，每门课都应该用心、用情并传递价值，不仅要让学生'专业成才'，更要'精神成人'。"该校副校长黄进表示。

为把握学生思政教育需求，江苏科技大学结合学校实施的"大学生核心素质报告书"制度，在充分了解学生思想动态的基础上，构建思政理论课、通识教育课、专业教育课三位一体的"聚合行动"课程体系。该校党委书记王济干认为，找准思想共鸣点、内容聚焦点、利益交汇点，教师才能做到"讲得清、讲得明"，学生才能"听得进、能真信"，也才能把思政的"钙"补进学生"骨质"。

从专人开展思政教育到人人参与思政工作，从人才培养方案的顶层设计到教师每堂课的具体实施，江苏科技大学努力让全体教师挑起"思政担"，所有课程上出"思政味"。"'课程思政'是高校思想政治教育的重要载体，也是践行立德树人的有效途径。"王济干说，江苏科技大学的"课程思政"不是新增一门课，也不是新设一项活动，而是把"课程思政"作为加强大学生思政教育的重要渠道，寻找专业课与思政课同频共振的契合点，构建全员、全课程的"大思政"教育体系。

三、浸润式思政教育，贵在"大象无形"

苏州健雄职业技术学院坐落于苏州太仓科教新城，是以出生于太仓的"中国居里夫人"——吴健雄的名字命名的一所公办全日制普通高等学校。长期以来，学校高度重视思想政治教育对于学生成长的领航、护航作用，人才培养质量受到用人单位的广泛好评，先后获得"江苏省职业教育先进单位""江苏省高校毕业生就业工作先进集体""中国创新教育示范单位"等荣誉称号，并于2015年一举跨入江苏省示范性高职院校建设单位行列。2017年，在学校党委副书记、院长魏晓锋亲自主持下，学校进一步深化思想政治教育改革，创新内容和载体，改进方式与方法，将显性思政教育与隐性思政教育有机融合，打造出"课程平台+项目"浸润式思政教育新模式，人才培养焕发出更加澎湃的生机与活力，其思政教育的理念与方法值得借鉴与推广。

（一）课程为基，多维度发力

"思想道德既有显性知识属性，也有着隐性知识属性，传统的'灌输式'教育法忽略了隐性知识的传递规律与方式，所以常有些思政教师感觉事倍功半,甚至会引起学生的逆反心理。"职业素质教育中心霍彧主任一针见血地指出。在此理念指引下,学校从课程改革入手,一方面将教学内容模块化,逐步引领学生树立道路自信、理论自信、制度自信、文化自信;另一方面,辅之以相应的实践活动,感知、体验、巩固教学成果。

其中,"思想道德修养与法律基础"的教学内容被划分为人生选择篇、价值理念篇、法治素养篇等六大模块,课程坚持以习近平新时代中国特色社会主义思想为指导,以新时代对青年大学生的新要求为切入点,以引导大学生努力成长为能够担当民族复兴大任的时代新人为着眼点开展教学,并辅之以学生角色扮演参与模拟法庭、聆听检察部门及公安部门等专业人员举办的法制讲座、举行主题班会等多种方式的课堂内能力训练实践活动。

"毛泽东思想和中国特色社会主义理论体系概论"被划分为中国特色社会主义基础奠定篇、中国特色社会主义提出发展篇、中国特色社会主义开拓创新篇三大模块,课程以马克思主义中国化为主线、以坚持和发展中国特色社会主义为主题、以新时代中国特色社会主义思想为重点,以中国站起来、富起来、强起来为逻辑展开教学;课堂外能力训练实践活动则通过对学生进行实践动员及理论指导,对学生进行实践选题及收集资料指导,对学生实践活动过程及实践成果撰写进行指导三个阶段,培养同学们分析问题、解决问题的能力,直至形成一份观点鲜明、论据充分、分析透彻,具有较强说服力的实践活动报告。

与此同时,学校还创新性地将企业培训中的教练技术引入思政课教学活动之中,强调"以生为本",科学调整学生的心态,提升学生的信念,挖掘学生的潜能,将传统思政教育中教师为主体的"灌输式"教育转变为以学生为主体的"能动式"教育。师生双方在平等、轻松的氛围中,双向互动,在潜移默化中训练学生的思维方式,帮助学生树立正确的世界观、人生观与价值观,提升政治素养。

值得一提的是,学校还建立了多维立体考核评价体系,全面覆盖思想政治课专职教师、辅导员、班主任、学生等各个考核主体;把终结性考核改为形成性考核,从常规考核、项目作业考核、实践活动考核、综合素质考核四个维度进行综合打分。

（二）平台为桥，融合线上线下

当前，以互联网技术为代表的新科技革命，正在急剧改变着这个世界。面对这场事关意识形态工作主动权和话语权的重大变革，学校以改革创新的勇气，主动适应思政教育环境的变化，逐步摸索出了一条以平台为桥、线上线下融合发展的思想政治教育创新之路，有力地确保了守土有责、守土负责、守土尽责。

1. 学校积极开创线上教育平台，实现思想政治教育向新媒体领域拓展延伸

学校结合自身 CRP 网络管理系统，开发出包含教师与学生两大应用模块的"学生成长学分银行平台"。其中，教师模块主要由班主任负责，审核学生上传的佐证材料，赋予其应得的分值，处理学生违纪材料，及时进行扣分；而学生模块则分为存分和扣分两个子模块，学生通过参加活动、获奖、做好人好事等，可获取对应子项目的分值，一旦发生卫生不达标、违纪、不文明等情况则会被扣分。学年末，班主任老师根据每个人的汇总分，总体考评每个人的综合素质成绩。

2. 学校坚持做好线下平台建设，通过校内外思政教育平台建设，弘扬中华优秀传统文化及校本特色文化

学校着力加强吴健雄陈列馆建设，通过宣扬吴健雄的高尚品格，引导大学生学习、践行吴健雄的爱国、创新、求实、律己精神，让以爱国主义为核心的民族精神和以改革创新为核心的时代精神植根于学生的灵魂深处，潜移默化地引导学生做社会主义核心价值观的坚定信仰者、积极传播者、模范实践者，做优秀"健雄人"；此外，学校积极携手太仓市卫计部门及红十字会，全面推进生命健康教育基地建设，以展示、模拟、体验等方式帮助大学生了解青春健康知识，让学生学会感恩、珍爱生命。如今，吴健雄陈列馆被授予"中国华侨国际文化交流基地"，生命健康教育基地荣获"省级健康教育基地"荣誉称号。学校还与超星公司合作，积极引进泛雅教学平台，教学内容上，学校立足自身丰裕的教学资源，建设了一批高质量在线开放思政课程；教学方法上则涵盖了教学案例、教学视频等，同时可

在线完成点名、作业发布与作业批改等各类教学管理，受到学生们的普遍欢迎，教学成效显著。

3. 校外平台方面，学校积极携手企事业，通过资源整合，共建一批优质思想政治教育平台

学校与苏州某咨询有限公司合作，共建了大学生素质拓展基地，以多样、有趣的形式，帮助大学生在体验与感悟中锻炼心理，培养挑战意识、团队意识；依托太仓市规划馆、太仓市名人馆等地方人文资源，建设了大学生人文教育基地，引领同学们了解太仓，热爱太仓，树立为太仓的经济社会发展做出更大贡献的信心与决心。

（三）项目为引，成就高质量

"'项目化运作'是思想政治教育工作虚功实做的重要方法，没有好项目支撑，'高质量思政教育'就无从谈起。"霍彧坦言。为了进一步激发思想政治教育活力，学校明确提出"工作项目化，项目目标化，目标责任化"的思路，通过定任务、定责任、定方案、定时间表和路线图，确保各项工作扎扎实实向前推进。学校将原属学生处、团委、二级学院及其他相关德育活动分离出来，统一纳入思想政治教育项目，并将这些活动划分寒暑期社会实践项目、志愿者服务项目、企事业单位社会化服务项目等类别。其中，寒暑期社会实践项目属于个体性项目，由学生个人申报，独立完成，主要让学生在体验、感悟中强化责任意识、感恩意识，锻炼沟通能力、适应能力等；政府部门社会治理项目、志愿者服务项目、企事业单位社会化服务项目属于团体性项目，由3~5名学生组成小组，以团队形式申报并实施，主要让学生在服务社会的过程中培养奉献意识、团队意识，将理论运用于实际，锻炼服务能力、分析问题与解决问题的能力。

学校严格要求思想政治教育实施项目化管理，全面遵循项目申报、项目审批、项目立项、项目实施、项目结项等程序。马克思主义学院专门成立思想政治教育项目领导小组，具体监控、管理各项目在各个实施阶段的具体过程，对存在问题的项目及时向申报人或申报团队提出，限期提交整改方案，经审核合格后按整改方案继续实施。

项目成功立项后，学校根据项目的大小及意义给予相应的经费支持；项目结题后，学校将及时组织成果评比，邀请相关老师组成评比小组，对参加评比的项目成果进行打分。成绩优秀的项目专门举行表彰大会，除给予一定的物质奖励之外，还给予一定的精神奖励，如颁发荣誉证书、另加学生成长学分等。在项目化运作方式的推动下，学校"课程+平台+项目"的思想政治教育模式取得了一系列成果。

教师层面，团队成员共发表省级以上论文22篇，立项教科研课题15项，其中省级教科研课题6项，苏州市级课题2项，太仓市级课题4项，校级教科研课题3项；两名教师在"2017年江苏省首届高职高专思政课教师教学技能竞赛"中分别获得一等奖与二等奖；3名教师在"2017在苏高校思想政治理论课教师说课大赛"中分别获得2个一等奖与1个三等奖；1名教师在学校"2017年教师教学技能大赛"中获得优秀奖与单项奖；3部党课"微视频"入围《太仓先锋党课精品课件集》，其中1部获省教育工委"微党课"评比三等奖。太仓市"诚信在我心"电视演讲大赛荣获优秀组织奖，舞蹈《冰川上的军礼》荣获太仓市勤廉优秀文艺作品一等奖。

学生层面，国际田联竞走世界杯赛、中国青少年乒乓球公开赛暨国际乒联黄金系列青少年巡回赛（太仓站）等重要赛事活动志愿者服务项目，被确定为暑期"三下乡"社会实践活动省级重点团队。荣获"江苏省第二届高校应急救护竞赛苏南片区赛"团体二等奖，"苏州市'e'同禁毒知识网络大赛"优秀组织奖。

放眼苏州健雄职业技术学院，思政教育正以实实在在的成果，在校园内形成弘扬中国精神、凝聚中国力量的新风尚，鲜活呈现出"课程里有活动，活动里有课程，平台里有思政"，"显隐"融合的浸润式思政教育的可贵。

四、"中国课"100%开设，校领导100%授课

推动"思政课程"向"课程思政"转变，2017年年底前，上海高校将实现两个全覆盖——"中国系列"课程100%开设，校领导100%上思政课。从上海市教委获悉，为深入贯彻落实全国高校思想政治工作会议和上海高

校思想政治工作会议精神，上海将继续鼓励高校积极构建全课程、全师资、全方位的"大思政"格局。眼下，沪上高校涌现出一批别开生面、深受在校大学生欢迎的"中国课"。如复旦大学的"治国理政"、上海交大的"读懂中国"、同济大学的"中国道路"、上海大学的"大国方略"及"创新中国"等。截至 2017 年 4 月，全市高校已开设"中国系列"思政选修课程 25 门。

把高校思想政治工作摆在重要位置，在沪上很多大学，校领导开讲思政课正成为一道亮丽风景。其中同济大学党委书记杨贤金教授走进四平路校区"一·二九"礼堂，开讲"形势与政策"课"华丽转身"后的第一讲。他从热播的电视剧《人民的名义》切入，为 600 名大二学生阐述治国理政的新理念和新思想。本学期，同济大学全面启动"形势与政策"课教学改革。"升级"后，这门课程由马克思主义学院、政治与国际关系学院、经济与管理学院的教师共同讲授，目前校领导班子成员均参与这门课的授课。

在东华大学，"锦绣中国"课程已全新上线。在这门"中国系列"课程中，不仅校领导班子成员将参与"课程思政"的教改实践，学校还在同步开发该课程的英文版，引导学校 4 000 多名留学生通过这门课程。

在华东师范大学，校党委书记童世骏教授仅 2017 年 1-5 月，就先后三次走进大学思政课的课堂。对高校思政课教学安排与定位，童世骏有着深刻认识：目前思政课的学分，几乎占高校学生四年总学分的十分之一，"如果一所高校的思政课教学质量不高，那么这所学校的整体教学质量也不会好"。

据悉，作为华东师大启动"课程思政"改革的新举措，集该校多学科力量打造的"中国智慧"课程已经推出，主要内容涵盖"中国哲学与科学的智慧""中国文学与艺术的智慧""中国民俗与礼仪的智慧""中国经世与致用的智慧"四大板块。

五、以"课程思政"为抓手构建大思政格局

（一）核心观点

思想政治理论课是高校思想政治工作的主阵地和主渠道，但从思想政

治工作规律、教书育人规律和学生成长规律来看,其他哲学社会科学课程同样可以发挥以文化人、以文育人的思想政治教育功能。习近平总书记在全国高校思想政治工作会议上的重要讲话,为做好新形势下高校思想政治工作、发展高等教育事业指明了方向。在2017年上半年召开的上海高校思想政治工作会议上,市委领导强调,要学深悟透习近平总书记的重要讲话精神,牢牢把握办好中国大学的根本方向,牢牢把握中国特色社会主义大学的根本任务,牢牢把握做好高校思想政治工作的根本动力,牢牢把握办好高等教育的根本保证。

(二)"课程思政"何以必要

当前,高校思想政治教育的课程体系需要突破过度集中于"思政课程"的"点""线"的瓶颈,以建设"课程思政"为契机,依托哲学社会科学内蕴的思想政治教育资源,全面提高思想政治教育的实效性。

从阶段衔接来看,中小学阶段思想政治教育内容与高校思想政治教育内容完全分布于不同的课程,在内容上无法对接与融通。为此,必须加强顶层设计和统筹协调,注重理论知识的纵向贯通和横向联通,构建一体化、层次化、精细化的德育课程体系。

从课程体系来看,立德树人工作需要良好的生态,需要全方位全过程的文化熏陶和价值引导,而这绝非只是思想政治理论课的"独角戏",需要全课程的"大合唱"。长期以来,有些课程并未与思想政治理论课程形成合力,在有些学校甚至存在思想政治理论课程被边缘化、空泛化、标签化的现象。

从学科联系来看,除了马克思主义理论的指导之外,思想政治理论课还需要其他哲学社会科学学科的支撑和滋养,否则就会成为无源之水;而要构建中国特色、中国风格、中国气派的哲学社会科学学科体系,同样离不开马克思主义基本立场、观点、方法的指导,否则就容易迷失方向。

从教师队伍来看,虽然形成全员育人"大思政"格局的观点早已提出,然而长期以来缺少有效的平台。推行"课程思政",能够开发全员育人、全过程育人的新平台、新资源和新机制,推进哲学社会科学专业课教师参与思想政治教育的常态化、制度化,引导他们在思想政治教育中发挥更积极有效的作用。

(三)"课程思政"为何可能

思想政治理论课是高校思想政治工作的主阵地和主渠道,但从思想政治工作规律、教书育人规律和学生成长规律来看,其他哲学社会科学课程同样可以发挥以文化人、以文育人的思想政治教育功能。

首先,目标与对象一致。思想政治理论课与哲学社会科学课在培养目标和培养对象上具有一致性。"要坚持把立德树人作为中心环节,坚持全员全过程全方位育人。各门课都要守好一段渠、种好责任田,各类课程必须要与思想政治理论课同向同行。"

其次,知识与价值统一。比较而言,一般哲学社会科学课所传授的内容固然没有思想政治理论课那样具有明显的意识形态色彩,但任何教材内容的编写都离不开价值立场的选择,同样需贯穿马克思主义理论的基本立场、观点和方法,也蕴含社会主义核心价值观等主流意识形态内容。

再次,濡化与涵化融合。从学习过程来看,濡化是指历时性的文化传递和延续,涵化是指同一时空的文化输入和交汇。前者意味着高校思想政治工作必须注重长时间全过程的养成,后者则要求高校思想政治工作必须营造全方位、全视角的环境,而这只有通过开发所有课程的思想政治教育资源才能达成。

最后,学科与课程协同。学科建设为课程建设提高了深度与力度,课程建设为学科建设提供了载体和渠道。任何学术研究都必然蕴含着价值立场、道德关怀和政治诉求,这为"课程思政"建设带来了丰盈的思想政治资源。

(四)"课程思政"如何构建

思想政治理论课的显性育人与哲学社会科学课程隐性育人完全能够做到有机融合、协同共进,但"课程思政"建设需要适切的路径进行重点突破。

——充分发掘各学科蕴含的思想政治教育资源,完善思想政治教育的课程体系建设。"课程思政"资源开发必须以马克思主义理论为指导，运用可以培养大学生理想信念、价值取向、政治信仰、社会责任的题材与内容，进一步融入社会主义核心价值观，全面提高大学生缘事析理、明辨是非的能力。

——在哲学社会科学课程中融入思想政治教育的教学方案，编制相应的教学指南。"课程思政"必须合理吸收"思政课"的经验，同时坚持"课程思政"的差异性和独特性，确保思想政治教育的整体性和系统性。

——有效培育哲学社会科学专业教师的思想政治教育意识，正确处理知识传授与价值引领之间的关系。所有教师都要做好学生健康成长的指导者和引路人。

——尽快建立课程评价体系。以立德树人为出发点、聚焦点和着力点，从理论认同、感情认同、实践认同等不同层次，从师与生、教与学、学与用、知与行等多个环节，科学评估"课程思政"的思想政治教育效果，不断改进，久久为功。

总之，推进全课程同向同行，实现全员全过程全方位育人，既要目标明确，矢志不渝，形成合力，也要因事而化，因时而进，因势而新。如此，才能不断提升思想政治教育的亲和力和针对性，真正满足学生成长发展需求和期待。

六、课程"软植入"，提升思政"硬实力"

面对信息广博、思维活跃的新时代大学生，如何创新性地开展思想政治教育，铸牢思想之魂？对此，西南石油大学一直在进行着积极的探索。结合当代大学生特质，深耕大学思想政治教育工作，既注重在日常工作中的创新，同时也聚焦"关键少数"，打造"品牌"项目，以课程"软植入"提升思政教育"硬实力"，做好大学生思想政治教育。

教学内容的空洞和浅表，学生参与度不高，课程获得感不强，对实践的指导性不足是当前大学生思想政治教育存在的普遍难题，如何才能让学生做到真学、真信、真用？为此，西南石油大学创新建立思政教育品牌，推进"学生领袖双百工程"项目，给予学生从理论到实践的多向培养，真正实现"凝聚一批人，带动一批人，影响一批人"。

（一）建体系：理论培训"亮剑出击"

离上课还有 15 分钟，宽敞的学术报告厅一楼早已坐满了学生，国家一级作曲家韩万斋教授走上讲台。这堂以国歌为"教材"的思政理论课，讲述的是国歌、国魂与信仰的故事。

两个月的时间里，一场场理论培训课宛如一次次醍醐灌顶，盎然生动地呈现在学生们面前。2018 年 5 月 5 日，西南石油大学第二届"学生领袖双百工程"正式开班，一百名品学兼优的学生党员代表（"双百"即两学期两百名）经过层层选拔，参加"学生领袖双百工程"定制内容的培训。

培训内容涵盖理论教育、专题研讨和实践锻炼三大模块。理论教育部分共七次课程，内容包括："《共产党宣言》导读""共产主义信仰的当代价值与实践追求""学习贯彻党的十九大精神专题辅导""精准扶贫与当代大学生的责任""唱响国歌，爱我中华——国歌、国魂""哲学思维与辩证思维""领略石油文化与传承石油精神"。

2017 年 10 月，首届"学生领袖双百工程"在校园掀起一股红色的热潮。经管院 2015 级的廖腊梅感叹道："去年没能报上名，感觉特别遗憾，此次终于如愿参训，聆听了校内外理论专家的精彩授课，真是太有趣了。"开展大学生思想政治教育，理论培训必须"亮剑出击"。但要确保理论培训摆脱枯燥的灌输和说教，并具有一定的理论高度和理论视野，就要通过富有趣味的讲解、鲜活的事例，把"政治—历史—哲学—社会"所蕴含的理论的"珍珠"穿起来，并据此在同学们脑中建立起理论体系。

"与以往的培训都不一样，这次真是让我感受到了思想和理论的碰撞。"艺术学院学生高源翻着自己记录得满满的笔记本说，"七场理论培训，有深度又接地气，有高度又联系实际，真是让人获益匪浅。"

"在前沿阵地从事大学生思想政治理论课教学，没有饱含时代气息的创新理念和方法是不行的！"谈及"学生领袖双百工程"的初心，该校学工部部长蒲勇说，要依托思政"品牌"项目，跳出枯燥理论教学的窠臼，让学生从思想上入党，让思政理论真正入脑入心。

（二）多层次：思政教育大变样

"为什么共产主义理想值得我们去追求？""品读《实践论》和《矛盾论》有哪些体会和收获？""美是主观还是客观？"……在专题研讨会上，百名学生分成近20个小组，处于兴奋获知状态的学生们，围绕议题展开了热烈的讨论。每星期一次的研讨会，是法学院的汪佳材最期待的，每次的主题研讨他都会提前做足功课。这样的研讨会有何"魔力"呢？正如项目班主任罗昌龙所说，学生之间的探讨和切磋，老师的总结和凝练，不仅有思维的碰撞、理论的火花，还能探寻到理论与实际之间的链接。

大学生思政教育如果仅仅是"硬植入"，内容也"空"与"大"，那必然会导致学生理解的浅表和空泛。在追寻思政教育的有效性上，如果说研讨会的形式是"富于趣味"，那么晨读晨练和素质拓展训练则是带来"焕然一新"的体验。清晨六点半，学生们在参加完晨练后，围在一起畅读国学经典，追本溯源，他们成为学校操场上最亮丽的那道风景。"思政教育的内容应更多立足于中国本土，尤其是中国传统政治和文化。"学工部副部长陈俐宏表示，要通过晨跑强健体魄，通过晨读提升修养。

不仅如此，这一百名学生还要接受"素质拓展训练营"活动的"洗礼"。这个被大家叫作"魔鬼训练营"的素质拓展活动，不仅是对体能的一次挑战，更是对意志的一次磨炼：严苛的教练、模拟的战场环境、高强度的项目、严酷的惩罚制……

"虽然参训过程很辛苦，却没有任何一位同学轻言放弃，就算有些小伤痛，大家也都咬着牙坚持着。"地科院2015级的张超说，"通过这次素质拓展，让我们对烽火硝烟的战争年代有了更多切身体验，对和平幸福的时代有了更多珍惜。"

一系列创新课程的设计，带来了思政教育方式的大变样。项目负责人闫从山说："只有学生的获得感、存在感和方向感都得到提升，我们的'双百工程'创新品牌项目才真正见到了实效，我们的大学生思政教育才能迸发出新的活力。"

(三) 重辐射：做实践育人"领头雁"

尽管学校对于思政教育的改革已经有了诸多有益的尝试，但要实现学生对思政教育的完全融入，就不单单是形式上的融入，更重要的是"心入"，必须让学生从实践中获得真知。

"思政教育课程不应当是封闭的，而应是开放的、活泼的，要让学生真心喜爱，并受益终身，就必须拥有现实解释力，要回到生活实际中去解决问题。"校党委副书记赵正文说。如何上好这堂实践课呢？让学生去参与扶贫评估验收、走进基层乡村，让学生去参与党的十九大精神宣讲、走进学校和社区，让学生在党支部分享交流、走到同学中间去等方式都是很好的举措。

学校作为省聘第三方评估机构到四川泸州市合江县开展扶贫评估工作，50余名"双百工程"的学生在老师的带领下深入合江县新洋村。"去走访调研的时候，要走几十里的山路，才有一户村民，路上我们就带着干粮充饥。"土建院2015级的朱锦深说，"没有这种切身的体验，我们便永远无法想象贫困乡村的生存状况，更无法坚定去服务基层的决心。"

在全民学习宣传贯彻党的十九大精神的热潮中，学校组建了十九大精神校内外宣讲团。"双百工程"的学生们积极参与其中。汪佳材作为宣讲团成员之一，已经先后近十次走进社区，走进中小学去开展宣讲。他说，将项目培训中的所学，结合党的十九大精神播撒出去，这是一件特别有意义的事，同时对自身也是一种锻炼。

此外，项目班主任祝静思还以"微分享"的形式，每日向学员分享一则《职业素养提升记》，结合案例的讲述、富于趣味的表达，深受学生的好评。"'学生领袖双百工程'真的让我成长了很多。"参加项目培训以来，梁牧云总是喜欢在网络空间分享自己的参训体悟，不少同学都给她留言点赞，并表示想报名参加下一届培训。而她在结业典礼上，也被评为"十大优秀学员"之一。

项目培训结束后，不少参训学生都争当"领头雁"，有的走进寝室去交流，有的从学生视角为同学开"党课"，有的回到班级去推动团建项目，还有的则在支部开展创新探索……

通过对"关键少数"的作用力，把正能量辐射到更广大的同学中去，这是"学生领袖双百工程"项目的初心，也是归宿。校党委书记孙一平谈道，未来，学校将继续深耕思政品牌项目的创新探索，以润物细无声的方式做好大学生思想政治教育。

七、同向同行融合融通，专业课程思政风采

习近平总书记强调，"所有课堂都有育人功能，不能把思想政治工作只当作政治理论课的事，其他各门课都要守好一段渠，种好责任田"，提出了"各类课程与思想政治理论课同向同行，形成协同效应"的要求。面大量广的专业课程是高校教学的重要载体，如何发掘专业课程中思政教育的有效元素，并广泛实施于人才培养的全过程，是当前高校德育工作亟待解决的热点和难点问题。上海中医药大学立足中医药特色，率先在专业教育体系中开展全过程、多样式、广覆盖的课程思政改革探索，将中华优秀传统文化、社会主义核心价值观要求和做人做事的道理融入专业教学，目前形成了重点建设百门专业课程、百分百专业课程融入思政功能的新格局，使大学生思政教育由较单一的"思政课程"向"课程思政"华丽转身。

（一）确立学校专业课程思政教育发展战略

立德树人是高校的长期战略任务。上海中医药大学在"十三五"发展规划中编制了德育工作发展规划，要求打破专业教学与思政教育相对分离状况，构建以社会主义核心价值观为引领的全员育人体系，使思政教育融入教学、科研、医疗、管理等全过程。

（二）构建专业课程思政教育工作体制机制

学校整合管理资源，形成以党委统筹挂帅，教学分管领导牵头执行，职能部门齐抓共管，教务、人事、教师发展中心、教育质量监测中心配合德育中心协同推进，马克思主义学院、通识教育研究中心、科技人文研究院、交叉科学研究院技术支撑，校院两级分管思政和教学工作的多条线紧

密结合的工作推进机制。

（三）提出思政元素与专业知识融合融通理念

学校围绕 100 门核心课程设立思政教学研究课程建设专项，着力凝练专业课程的思政内涵，将社会主义核心价值观解析成"思政教学元素地图"，融入专业课程大纲及教学进程各环节，形成了人文通识类、语言类、基础类、专业类、体育与实验实践类等不同课程的思政切入点，实现思政价值观要求向专业教育语言体系的转化。

（四）探索思政教育融入专业教学路径和效果

学校实施融入"社会、行为、生命科学"三要素的中医药主干课程"问题为导向学习"改革试点；每年设立以"健康中国"为主线、覆盖所有专业的中医药服务性学习实践模块，体现课程思政"知行合一"理念；建立学情分析指标及评价反馈机制，形成了布局有序、环环相扣、落细落小的工作策略。

（五）建立师生共进的全员育人共同体模式

学校将教师、管理人员、学生辅导员凝聚成 35 个跨界育人导师团队，实现思政教育的全员覆盖。学校的高层次教师培养机制，通过"海上名医学术共同体"模式，不断传承中国优秀传统文化，提升思政教育的内涵。学校的开放式办学格局，聚集了来自全球 20 多个国家的学生，通过朋辈学习共同体，共同塑造中医品格，建立文化自信。

（六）实现"小目标"再到"大目标"

学校积极发挥课堂在育人方面的主渠道作用，努力丰富专业课程中的思想教育内容，促进专业教育和思想政治教育有机融合。在扎根中国大地、建设一流大学的征程中，首先实现"让每一个学生更加热爱自己的专业，更加坚定自己的职业选择"的"小目标"，然后汇聚成习总书记所要求的"一流大学培养一流人才"的大目标。

八、"课程思政"无缝隙覆盖

"混合式教学应用到高校思政课中，有利于实现多个教学空间优势互补，更好地应对新形势下思政课教学与改革面临的挑战。"泰山医学院党委委员、副院长徐淑凤说。

近年来，泰山医学院积极创新思政教育模式，通过"课程思政"实现无缝隙覆盖，借助新媒体平台打造思政教育的亲和力，加强教学改革，建设线下线上两个思政课堂；通过混合教学，打造医学思政育人高地，取得了良好效果。该校马克思主义学院马克思主义原理教研室主任王世涛说："我们通过通识课程和任意选修课等学生感兴趣的内容，吸引学生留在思政教育课堂。"该教研室教师目前已全部开通了人文方面的任意选修课，通过传统文化经典选读、齐鲁文化、燕赵文化等更具有人文气息的课程教学，以此提升大学生的人文素养，在通识教育中加强了思政教育。

这一做法也是泰山医学院近年来加快推进由思政课程走向"课程思政"教育，解决高校思政教育"孤岛"困境的教育教学改革新实践。目前，该校从办学实际出发设定的指导课程群、主干课程群、支撑课程群3个课程群，包括医学与人文的学科交叉、思政与就业指导的结合、学业与就业的衔接，逐步实现了思想政治理论课、综合素养课、专业教育课三位一体的教育体系。

作为思政教育的前沿阵地，泰山医学院马克思主义学院创新探索实施了基于小规模限制性在线课程的思想政治理论课"线下课堂教学+在线教学"的混合式教学模式改革。"混合式教学模式能够使实体课堂教学打破教材的局限，采用专题方式进行。我们在教改中着力体现问题导向、价值引领、学术感染、医文特色等4个特点。在线教学部分主要发挥学校网络教学的优势，运用网络平台，打造面向全体学生的思想政治理论课小规模限制性在线课程。"马克思主义学院院长陈士福说。

通过在线教学，学生可利用手机客户端随时学习。教师也可在课前将有关视频、案例提前传上平台供学生学习，然后在线下课堂中组织学生讨论、答疑或展示学习成果。目前，这一教学改革已经渗透到整个思想政治理论课课程教学体系。

九、课程在哪里，诚信教育就在哪里

走进上海立信会计金融学院，你会发现许多独特的"立信现象"：期末考试，很多教室里不设监考，全凭学生自觉；学生"校园一卡通"遗失后，找回来的概率奇高；学校小卖部阿姨有事外出，只需留下一张字条和一个纸盒，学生们买了东西，会把钱放在纸盒里；如今，校园里开出了"诚信打印店""诚信小卖部"等无人值守的商家……"使守信者受益、失信者受限"，在立信会计金融学院，诚信教育如能量场一般，看不见、摸不着，却无处不在。

2016年下半年，学校拨出100万元专项经费，启动"课程思政"教育改革校级综合试点，首批选取全校29门课程进行试点，通过构建"课程—实践—网络—教材"四位一体的教学组织模式，强化对学生诚信品质的培养。

（一）29门课程先行试点，育人"各守一段渠"

"金融的基石有两块，一块是货币，另一块是信用。所以不要一说到金融，就联想到赚钱工具，金融的每一步发展都离不开信用体系的建设。""现在很多人都想买房子，但是往往在个人资质审核环节就被卡住了。为什么？因为信用太糟糕！"……这些贴近学生生活实际的妙语和案例，集中出现在一门名为"信用中国"的课程上。这是立信会计金融学院启动"课程思政"教改后，全新推出的一门课程，由学校马克思主义学院以及专业课教师、校外专家共同组成授课团队。

校党委书记李世平教授正是"信用中国"课程的首席专家。"课程在哪里，诚信教育就在哪里。我们要通过生动的教学，带给学生浸润式体验，让他们感受到诚信并不遥远，就在身边。"李世平认为，专业教育是提升学生诚信素养的主要渠道，不同类型的课程都应当充分挖掘内在的德育因子和诚信元素，实现全员全过程全方位育人，每一门课程都要"守好一段渠"。

该校首批启动"课程思政"教改试点的29门课程中，包括2门思想政治理论示范课、2门"中国系列"课程、10门综合素养课程，以及15门专业课程。除了配备优质的师资，这些课程大都经过了全方位打磨，重新凝练育人目标。以"公共管理学"这门专业课为例，它主要讲授公共组织如何运用公共权力管理社会公共事务，提升公共产品和公共服务质量，帮助学生树立诚信、廉洁、依法用权的理念。

（二）从"诚信分"到"成长币"，"诚信"的力量无处不在

把"立信"作为校训，纳入校名，在上海立信会计金融学院，无论是第一课堂的知识传递，还是来自第二课堂的各类校园文化和学生实践活动，诚信教育始终在"知"和"行"两个维度上推进，形成育人合力。

学校每名本科生毕业时，都会获得一份特殊的成绩单——大学生个人诚信报告。一名学生在校四年，是否守得住学业诚信底线，考试不作弊、学术不造假；是否具有经济诚信意识，申请奖助学金时绝不提供虚假信息；是否懂得生活诚信，遵守宿舍规章和学校其他管理制度……所有这些表现都会被如实记录，折算成"诚信分"，无形之中让学生们感受到"诚信"的力量。

记者追踪着独特的"立信现象"到校园里采访，很多学生都不约而同提及学校的学生发展银行。

就读于该校金融学院14级的赵博书，正是学生发展银行行长。他介绍说，在每年学生奖助学金申请者的资格认定上，"银行"的审查颇为严格：不仅要求申请者提供个人家庭信息，还要参考其银行卡、支付宝、校园一卡通的财务流水信息，约谈辅导员，充分了解申请者的情况。为增强学生诚信意识，银行还设有"虚拟成长币"，所有受助学生都要制定符合自身实际的偿还计划，通过参加科技创新、社会工作等活动，折算为一定额度的"成长币"，并在有效期间内偿还。对信用不良者，将降低或取消奖学金等级，而对于超额完成的前100名，将提供校内外优质实习、兼职等奖励。

（三）校训校史耳濡目染，显性隐性教育有机结合

上海立信会计金融学院在考试管理上很"大胆"：只要学生以班级为单位申请免监考获得通过，考场即不设监考老师。这一饱含诚信教育气息的管理举措，也和这所学校的校训、校史密不可分。由潘序伦担任老校长的原上海立信会计学院，当时就推行"荣誉考试"制度——所有考试由教务处主持，除有人收发试卷外，通常没有权威人士监场；但这有一个前提条件：如舞弊，必开除。

学校会计学院14级学生吕苗说："无论是听老校长的治校故事，还是走在学校里，每天路过诚信广场、诚信柱，学校的文化不自觉地浸润着我们的内心，每个学生都会成为诚信文化理念的传播者和实践者。"

校党委副书记许玫说，校园文化是滋养诚信意识的重要土壤。让社会主义核心价值观深入人心，全面提升学生的诚信品质，有赖于显性教育与隐性教育的有机结合，课堂教育要和各类校园文化活动同向同行，立体推进，形成浓厚的育人氛围。

十、"课程思政"尝试"将盐溶在汤里"

赶在2017年暑假前，上海应用技术大学城市建设与安全工程学院的彭亚萍教授提交了一份校级重点课程项目申报书。围绕"土木工程概论"这门专业课，彭亚萍打算升级授课团队：这门专业基础课的授课成员还将新增一位来自该校马克思主义学院的思政课专任教师。在上海应用技术大学，类似彭亚萍执教的校级重点课程有28门。将"课程思政"纳入学校重点课程建设，把显性教育与隐性教育充分结合起来，这所大学开始了全新的教学实践。用校长陆靖教授的话来说，这是一次"将盐溶在汤里"的尝试，思政教育元素要像盐溶化到汤里一样，让学生从"汤"里品出"盐"的滋味。

（一）马院教师加入专业课程团队，专业课上出"思政味"

眼下，随着越来越多沪上高校启动"课程思政"教学改革，部分老师

难免心生困惑：怎样才能把一门内容艰涩的专业课，教出"思政味"？在上海应用技术大学，率先"尝鲜"的彭亚萍教授认为，专业课程的人才培养方案必须修订、升级。彭亚萍说，传统专业课"土木工程概论"，教学目标是让学生"了解各类注册土木工程师的执业制度，了解入职要求以及职业生涯的发展对个人知识才能素养的要求"。而在学校启动"课程思政"教改后，这门专业课正在开启全新的试点：在育人目标上实现扩容，让学生"学习和掌握'大国工匠'精神的实质"。彭亚萍正在重新设计、优化教案。比如，可以"借助失败的工程案例剖析引导学生思考工程事故责任的严重性，从内心深处建立职业的敬畏感"。

而在该校经济与管理学院，李竹宁副教授领衔的"运筹学"课程，也在进行类似的改革试点：把专业基础课程的讲授同马克思主义理论与原理紧密结合。比如，在讲解"运输问题"时，就可以适时切入马克思主义政治经济学相关观点。

据悉，上海应用技术大学首批启动的28门重点课程建设，每一门课程团队都有一至两位马克思主义学院的教师加入。

应用型高校启动"课程思政"教改，让思政课教师成为专业课程授课团队的成员，在该校马克思主义学院教授高雅珍看来，这不仅对思政课教师的教学带来挑战，而且实现了专业知识与立德树人授课目标的融通，必须调整现有教学策略、引入新的教学手段。比如，引入更多案例讲解，通过充分的讨论来增加学生的感悟。

（二）育人元素融入专业课教学，"烧出更适口的营养汤"

校长陆靖认为，内涵丰富的专业课程如同一碗优质的底汤，而思政教育所要传递的正确价值观则如同盐。就像盐不仅有益于人体健康，也能让汤更有味道一样，将育人元素融入专业课教学，一方面是为了让学生更积极地摄入"盐"，另一方面也能"烧出更适口的营养汤"。陆靖表示，该校正在挖掘学校的学科背景和校史资源，"今后还将把大学精神、优秀的校园文化也纳入其中，打造更优质的底汤"。

事实上，作为"课程思政"教改的另一重要举措，上海应用技术大学近一年来已开设出"中国智造""中国古代技术"等一批"中国系列"综合素养课，受到学生们的追捧。刚刚结束的这个学期，网上选课平台一开放，这些课程的名额被"秒杀"，为此，学校不得不多次重新开放报名系统，将名额增至最大限度，"扩招"那些有意前来听课的学生。据了解，经过前期建设，该校还将结合校园文化开设"景观物语草木关情"，结合国家经济社会发展推出"'一带一路'车文同轨"等新的课程。

校党委书记刘宇陆表示，"课程思政"不是要改变原来的课程，"而是要把价值引领要素及内涵巧妙地融合在原有的课堂教学中"，融入各学科教育教学中，找到最契合的点。专业不一样，挖掘的思政教育元素也会不一样，但"各门课程都要守好一段渠、种好责任田"这个理念是一样的，需要做到"同频共振"。

十一、上好专业课，种好思政教育责任田

"在互联网时代，中国在一些关键信息技术创新领域与世界同步甚至领先全球，并开始输出中国模式，比如超级计算机、人工智能、移动支付等，中国实现了创新引领的弯道超车，这源于我国国情、发展模式、发展道路等独特优势。"北京联合大学旅游学院教师廖斌在讲授"旅游信息化导论"第一课时，将专业知识、中国制度自信传递给了学生。

在北京联合大学，像廖斌这样在专业课程中融入思政内容的课例有很多。为了让所有专业课程"守好一段渠、种好责任田"，与思政课程形成协同育人效应，学校党委在加强思想政治理论课的同时，出台实施意见，明确将"课程思政"建设作为学校用好课堂教学主渠道、推进全员全程全方位育人的重要阵地。

（一）制度保障，"课程思政"写入培养方案

北京联合大学教务处以党的十九大精神和全国高校思想政治工作会议精神为指导，修订了本科培养方案教学大纲，在制度上保障各学院结合实际，制定"课程思政"落实办法，形成有效教学模式。

目前，应用文理学院制定了《关于推进教师"课程思政"责任制的意见》，从通识专业必修、专业必修、专业选修、集中实践教学环节4个方面遴选了14门不同专业课程进行教学改革试点；智慧城市学院出台"课程思政"实施细则，确立了8个院级教研项目开展"课程思政"建设试点；城市轨道交通与物流学院从一线做起，推出"点、面、线课程思政"建设模式，结合学科特色，以不同形式将思政教育纳入常规教学；应用科技学院以"系部主导、教师主体"推进"课程思政"建设。

在校级层面，学校承担了北京市委教育工委"应用型大学推进'课程思政'建设的研究与实践"难点攻关项目，在校级科研项目中组织开展"课程思政"专题教学改革研究，设立"课程思政"重点建设项目，支持专业教师进一步优化"课程思政"的内容和形式。目前，仅在旅游学院，已有近30名教师走上讲台展示"课程思政"，30门以上课程形成了"课程思政"讲授案例。

（二）融合创新，让核心价值观在课堂落地生根

在多元思想交锋的社会环境中，发挥"思政课程"与"课程思政"的合力，成为北京联合大学育人的新尝试。学校建立了教师"课程思政"责任制，明确各类课程与"思政课程"一样有育人职责，每一门课程、每一名教师都应在教学活动中主动承担起培育社会主义核心价值观的任务。

马克思主义学院副教授张英姣给艺术学院学生讲"坚定共产主义的崇高信仰"时，课堂上适时穿插了艺术学院学生的精彩演诵，内容是"语言基本技巧"教学团队以革命文化的学习传播为着力点进行的教学设计。通过让学生饰演革命英雄人物、诵读革命文化作品，坚定了学生的共产主义理想信念。

融合创新也成为把社会主义核心价值观融入课堂，凸显"思政课程"与"课程思政"合力育人价值的有力抓手。"我的教学对象是外语专业学生，以后会面临涉外工作，我认为提高学生的国家意识是首要任务。"讲授法语的刘燕繁老师在专业课中融入社会主义核心价值观，在课堂上引起学生的强烈共鸣。

（三）服务社会，助力北京"四个中心"建设

2017年，以艺术学院举办的"溯源红色师生主题创作展"为基础，由北京联合大等5所高校承办的"喜迎十九大，服务北京'四个中心'建设北京高校师生主题展"在北京市属高校巡展，引起强烈社会反响。

"通过了解这些历史遗迹，我们需要唤醒自己的良知与记忆、斗志与发展的梦想。"艺术学院美术系教师李文文在野外写生的过程中，发现北京市革命历史遗迹众多，分布广、类型多，将挖掘革命历史题材作为文艺创作素材，带领学生在采风创作过程中参与到革命遗址保护和宣传教育中。在北京市门头沟下清水村，旅游学院师生为村民们送去了一整套旅游文创发展方案，为拥有丰厚的文化底蕴和旅游资源却苦于没有旅游经营思路的村民们解决了难题。

"着眼立德树人根本任务，学校将继续扎实推进'课程思政'工作，在全校努力形成'学校有氛围、学院有特色、专业有特点、教师有风格、成果可固化、课程有品牌、教师有榜样'的育人大环境。"北京联合大学党委书记韩宪洲说。

第七章

典型工科专业"课程思政"点的挖掘

工科专业进行"课程思政"相对于文科专业更难,教师的主动性也相对较差,推行"课程思政"的热情也更低。经过系统的培训、理念的解读、政策的讲解以及亲身的感受,绝大部分工科教师逐步喜欢在专业课程中融入"课程思政"元素,体会到了教学的乐趣。学生的关注度更高,学风也逐步好转,最明显的就是以前的"差生"喜欢和老师互动了。为了给高职工科专业"课程思政"教育改革提供最直观的借鉴作用,本章对14个智能制造类和汽车类专业课程思政教育点进行挖掘,通过具体的专业思政点案例展示,让更多的工科老师愿意去改革。

一、基础课程

(一)课程名称:机械机构与传动

序号	章节/知识点	课程思政切入思路
1	绪论 1. 现代设计方法介绍 2. 学习目的介绍 3. 学习方法介绍	1. 介绍现代设计方法并比较国内外的发展现状,激发学生爱国情怀 2. 学习目的不只在于继承,更在于创新。学习时注意把理论知识应用于解决实际问题 3. 传统设计方法与现代设计方法的关系

续表

序号	章节/知识点	课程思政切入思路
2	第2章 平面机构的结构分析 1. 结构分析的目的 2. 绘制机构运动简图 3. 自由度与约束	1. 进行平面机构结构分析对机构的创新有重要的指导意义 2. 绘制机构的运动简图——从复杂到简单，透过现象看本质 3. 自由度与约束的定义——人如机器，想有作为，必需有集体、合作意识；必需受自我及环境的约束（价值观引领）
3	第3章 平面连杆机构 1. 四杆机构的演化 2. 死点位置	1. 机构的演化过程——启发创新的思路 2. 死点位置——缺点如果应用得当可以转化为优点（价值观引领）
4	第4章 凸轮机构 凸轮机构从动件运动规律	从动件运动规律应避免刚性冲击和柔性冲击——人生的选择
5	第5章 螺纹连接与螺旋传动 螺栓组结构设计	安全销、安全键、安全套筒——规避风险
6	第6章 带传动 1. 带传动的设计计算 2. 带传动的张紧	1. 带传动设计过程中参数的确定——严谨 2. 带传动的张紧——人生需要张弛有度（价值观引领）
7	第7章 链传动 多边形效应	多边形效应——多边贸易，中美贸易协定
8	第8章 齿轮传动 1. 齿轮的类型 2. 齿轮设计准则	1. 国内齿轮加工的新进展——激发学生的爱国热情 2. 失效形式与设计准则——发现弱点及针对弱点完善自身的过程（价值观引领）
9	第9章 轴及轴毂连接 轴的结构设计	综合考虑多方面（原材料、安装、加工、工艺……）作用的结果——实践与严谨
10	第10章 轴承 轴承的类型	介绍国内全陶瓷球轴承的研发历程 1. 研发时间——任何发明创造都需要时间的积累 2. 国内外全陶瓷球轴承研发现状——激发学生的爱国热情 3. 研发团队介绍——工匠精神

课堂实景

（二）课程名称：机械设计基础

序号	章节/知识点	课程思政切入思路
1	绪论	中国是世界上机械发展最早的国家之一。中国古代在机械方面有许多发明创造，在动力的利用和机械结构的设计上都有自己的特色。通过举例，激发学生的爱国情怀
2	机械设计概述 机械设计的基本要求 第五条，造型美观、减少污染	借用习总书记的话"绿水青山就是金山银山"，引导学生树立社会责任感，培养减少环境污染的意识
3	摩擦、磨损及润滑概述	中国能源问题已经成为国民经济发展的战略问题，随着中国工业化、城市化进程的加快，在未来中国能源消耗问题日益突出。研究摩擦、磨损就是为了节约能源消耗，减少材料损失。引导培养学生的节约意识
4	平面机构的结构分析 机构自由度计算	平面机构中的自由度计算，通过引入运动副对机构中的自由度加以约束限制，以最终达到机构具有确定相对运动的目的。同理，如果一个人对自己过于放纵，过于追求个人自由，就必将损害他人的利益；只有适当地对自己的行为加以约束限制，遵纪守法，才能成为一个对社会有用的人

续表

序号	章节/知识点	课程思政切入思路
5	平面连杆机构格拉肖夫条件	在格拉肖夫条件中，必须先满足构件长度和条件，机构中才有可能出现曲柄，否则只能形成双摇杆机构。就像我们做人必须要有一定的原则，否则就容易被外界左右，摇摆不定，就像一个双摇杆
6	凸轮机构	在讲授凸轮设计时，可介绍飞机起落架凸轮回中机构。它来源于国产大飞机。目前，我国国产大飞机 C919 已经试飞成功，以此激发学生报国的热情，树立建设强国的志向。从现在开始做好准备，提升自己的能力，拥有较强的实力，树立为国奉献的精神
7	螺纹连接与螺旋传动	自从螺栓被发明出来，工程师一直致力于其防松，百年来发明了对顶螺母防松方法、弹性垫圈防松方法、串联钢丝防松方法等，并不断进行改进。这体现了工程师上下求索和精益求精的探索精神。在使用螺栓连接前，工件必须准确定位，即定位是连接的前提。这与学生的人生发展是一样的道理，当一个人的思想偏离了正确的方向而不加以矫正，慢慢地会对自身的行为产生影响，一旦做出一些偏差的事情，整个人生的轨迹将会改变
8	带传动	带传动中的皮带如果一直处于绷紧的状态，在工作一段时间之后弹性会逐渐消失，影响使用寿命。因此，当带处于较长时间不工作状态时，应将皮带放松。以此教育学生，在我们的学习及工作生活中，应注意张弛有度，过紧易折。在压力下，找到适当的排解舒缓的方法，保持良好的心理状态，才能走得更久，走得更远

续表

序号	章节/知识点	课程思政切入思路
9	链传动	链传动的多边形效应，链轮齿数越少，边数越少，传动的平稳性越低；齿数越多，边数越多，链传动的平稳性越高。由此引入中美贸易摩擦，特朗普政府对进口钢铁和铝产品征收重税，随后又宣布对价值2 000亿美元的中国商品加征关税，并对中国进口产品采取限制措施，这种做法破坏了多边贸易体系的稳定性，搅乱了国际金融市场。 多边形效应——多边贸易，中美贸易协定
10	齿轮传动	齿轮设计准则实际是一个找出齿轮弱点，再针对弱点设计的原则。把这种设计思想引入学生的德育中，即个人应该常常自省，寻找自己的缺点，及时发现自身的思想薄弱点、意志薄弱点，及时调整和矫正，使自己回到正确的人生轨道，并且使人格趋于完善
		国内齿轮加工的新进展——激发学生的爱国热情 失效形式与设计准则——发现弱点及针对弱点完善自身的过程（价值观引领）
11	蜗杆传动 热平衡计算	蜗杆传动的发热量大，热量如果持续累积，就会引发胶和失效。这里的热量就像我们的缺点，如果明知自己的缺点，却不管不顾，就会像蜗杆传动一样，引起失效。只有克服自己的缺点，改正自己的错误，才能使自己获得更好的发展。而蜗杆传动及时地散失热量，才能稳定工作
12	齿轮系	集体仿佛是一个齿轮系统，而个人是一个齿轮。当个人思想出现偏差，素质不达标，则会影响整个集体的发展。为了使集体可以高速地运转，个人应该不断学习，使自身的思想与集体的思想吻合，努力提升自己水平，满足集体的要求，这样才能为集体做出贡献。每个人都肩负了集体责任感，同时具有集体荣誉感，那么一个集体的良好运转则是水到渠成的事情

续表

序号	章节/知识点	课程思政切入思路
13	轴和轴毂连接	在轴的加工工艺性中规定：在同一轴上有多个键槽时，其尺寸应尽量统一。而在键的选择原则中规定，轴上键槽尺寸应根据轴径来选择，轴径不同，键槽尺寸也会有变化。这2条规定看似相互矛盾，其实则不然，因为它们所考虑的本质是不一样的，前者是考虑节约轴的加工工时，后者考虑的是键的强度。其解决方法是：在满足强度条件的基础上，将其尺寸尽量统一。在我们的工作生活中有时也会遇到类似问题，看似相互矛盾，相互冲突，但冷静分析，只要其本质上着眼点有差异，就可以找到合理的解决方法。教育学生学会冷静处理看待问题，解决问题
		综合考虑多方面（原材料、安装、加工、工艺……）作用的结果——实践与严谨
14	轴承	在讲授轴承设计时，可引用高铁轴承的研发实例。为了早一步实现高铁轴承的大批量国产化，中国的轴承设计者十年如一日，牺牲假期，一次又一次地进行实验，进行数据的优化，在经历了数千次失败之后成功研制出国产高铁轴承。通过此例让学生体会大国工匠的精神实质，对自身价值的实现提供一个启发，对学习的方向进行引领，领会"核心技术要掌握在自己手里"的深刻内涵
		介绍国内全陶瓷球轴承的研发历程 研发时间——任何发明创造都需要时间的积累 国内外全陶瓷球轴承研发现状——激发学生的爱国热情 研发团队介绍——工匠精神

课堂实景

（三）课程名称：电工电子技术

序号	章节/知识点	课程思政切入思路
1	第1章 直流电路分析	讲解学习电路分析方法在本课程的重要性，要学生克服困难，努力学习，为服务社会做好知识储备
2	第2章 正弦交流	结合交流电路讲解电力传输，回顾历史，从过去的煤油灯照明到现在大街小巷灯火通明以及偏远山区的村村通工程，说明我国人民在党的领导下生活越来越美好
3	第3章 常用半导体元器件及应用	常用半导体元器件及应用：1956年，周总理亲自主持制定的《十二年科学技术发展规划》中，就把计算机列为发展科学技术的重点之一，并在1957年筹建了中国第一个计算技术研究所。中国计算机事业的起步比美国晚了13年，但是经过毛泽东时代老一辈科学家的艰苦努力，中国与美国的差距不是某些人所歪曲的"被拉大了"，而是缩小了。1965年中科院计算所成功研制了我国第一台大型晶体管计算机：109乙机；对109乙机加以改进，两年后又推出109丙机。109丙机在我国两弹试制中发挥了重要作用，被用户誉为"功勋机"
4	第4章 集成电路运放及其应用	讲第三代中小规模集成电路的计算机研制到第四代超大规模集成电路的计算机研制；现在以联想微机为代表的国产微机已占领一大半国内市场
5	第5章 数字电子技术	从晶体管电话大哥大到今天的华为及我国的北斗系统，我国的科技正在崛起

- 69 -

（四）课程名称：电工技术

序号	章节/知识点	课程思政切入思路
1	电路的基本概念和基本定律	基础知识的学习与掌握，培养学生脚踏实地的实干精神
2	直流电路的基本分析方法	分析方法的多样性，培养学生的灵活性与创新精神
3	正弦交流电路	对比直流、交流电路的特点，强调实事求是精神
4	三相交流电路	安全用电，培养学生遵纪守法的意识和认真负责的敬业精神
5	变压器	建立学生的专业自信，实践创新的工匠精神

（五）课程名称：电路基础

序号	章节/知识点	课程思政切入思路
1	实际电路与电路模型	随手打开电视与空调；在夜色中尽情欣赏都市的霓虹璀璨；乘坐快捷的电气列车进行一次放松之旅……介绍我国在电技术方面的发展，提高学生对本课程的兴趣
2	电功率与电能	播放节约用电的公益视频，引导学生树立节能意识，增强环保意识
3	基尔霍夫定律	1845年，年仅21岁的基尔霍夫发表了第一篇论文，提出了稳恒电路网络中电流、电压、电阻关系的两条电路定律，即著名的基尔霍夫电流定律（KCL）和基尔霍夫电压定律（KVL），解决了电器设计中电路方面的难题。引导学生在日常的学习中尝试自己总结经验和规律
4	电路的串、并、混联	结合电路的串、并、混联功能，强调合作精神，增强学生团队意识

续表

序号	章节/知识点	课程思政切入思路
5	叠加定理	将叠加定理引申到日常生活和学习中,解决复杂问题可以化整为零,逐个击破
6	最大功率的传输定理	播放我国电网建设纪录片,激发学生的专业自豪感和民族自豪感
7	电容元件和电感元件	结合储能元件的专业知识讲解,引导学生储备正能量,做对国家和人民有意义的事
8	三相电	普及安全用电的注意事项,并要求学生回家后向亲朋推广,通过对所学知识的实际应用提高学生对专业的重视程度
9	换路定律及初始值的计算	结合换路定理的专业知识讲解,培养学生换位思考、为他人着想的精神

(六)课程名称:电子技术/电子技术基础

序号	章节/知识点	课程思路切入思路
1	第1章 半导体基础知识	讲电子技术的发展,我国电子技术的昨天今天、展望明天,体会该课程在本专业的重要性,要学生克服困难,努力学习,为服务社会做好知识储备
2	第2章 二极管及应用	Led灯,节能环保是我国现阶段重要任务之一
3	第3章 三极管放大电路	讲我国第一台大型晶体管计算机:1956年,周总理亲自主持制定的《十二年科学技术发展规划》中,就把计算机列为发展科学技术的重点之一,并在1957年筹建了中国第一个计算技术研究所。中国计算机事业的起步比美国晚了13年,但是经过毛泽东时代老一辈科学家的艰苦努力,中国与美国的差距不是某些人所歪曲的"被拉大了",而是缩小了。1965年,中科院计算所成功研制了我国第一台大型晶体管计算机:109乙机;对109乙机加以改进,两年后又推出109丙机。109丙机在我国两弹试制中发挥了重要作用,被用户誉为"功勋机"

续表

序号	章节/知识点	课程思政切入思路
4	第4章 集成电路运放及其应用	讲从第三代中小规模集成电路的计算机研制到第四代超大规模集成电路的计算机研制；现在以联想微机为代表的国产微机已占领一大半国内市场
5	第5章 直流稳压电源	小电源大学问，做好一个电源也需要精益求精的精神，现在提倡工匠精神
6	第6章 组合逻辑电路/时序逻辑电路	从晶体管电话大哥大到今天的华为及我国的北斗系统，我国的科技正在崛起

（七）课程名称：工程制图

序号	章节/知识点	课程思政切入思路
1	制图的国家标准	贯彻执行国家标准，培养工程意识。国家标准越来越靠近国际标准，与国外技术交流增加，彰显国家繁荣强大，激发学生民族自豪感
2	手工绘图	给学生讲述老一辈技术工程师的励志故事，培养学生吃苦耐劳的精神、耐心细致的工作作风和严肃认真的工作态度
3	机械行业图纸标题栏	通过讲述行业严格签字程序，强化学生的职业道德意识，恪守信用、尊重规则的职业道德与修养
4	立体三视图绘制	通过教学中实际训练过程的规范要求，强化学生的职业道德意识、实践能力和创新创业能力。培养耐心细致的工作作风和严肃认真的工作态度
5	标准件的规格	引导学生树立社会责任感，减少社会资源浪费，也彰显国家的重要性
6	零件的技术要求（表面粗糙度，形位误差，尺寸误差）	通过讲解参数的设定原则，引导学生树立社会责任感，减少社会资源浪费 通过比较与发达国家的技术差距，激发学生社会责任感和爱国热情，努力学习专业知识，报效国家
7	装配图的识读	通过一学期的学习，学生能轻松识读图纸，从而建立学生的专业自信，实践创新的工匠精神

（八）课程名称：互换性与测量技术

序号	章节/知识点	课程思政切入思路
1	第1章 绪论/标准化	培养学生职业理想，树立从业意识，端正从业态度
2	第2章 测量技术基础 长度基准与量值传递 测量误差和数据处理	新的测量技术发展。在中国的测量领域里做出贡献的、默默奉献的人 在测量过程中，需要有精益求精的精神
3	第3章 光滑圆柱体结合的互换性 极限与配合国家标准的构成 尺寸的检测	中国制造业从无到有，从需要大量进口，到掌握核心技术，掌握标准，掌握话语权 验收原则（所有验收方法只接收位于规定的尺寸极限之内的工件，即允许有误废，不允许有误收）——诚信
4	第4章 几何公差及其检测 几何公差与尺寸公差的关系	观看纪录片《超级工程》，明白对于事业的热爱，需要全心全意投入的精神、无私奉献的精神
5	第5章 表面粗糙度及其检测 表面粗糙度在图样上的标注	表面粗糙度的新旧标注，观看纪录片《超级工程》，引导学生形成追求极致、追求高标准、追求严谨、追求专注的学习与工作作风
6	第6章 光滑极限量规设计 工作量规设计	学习温故知新、执着坚持的工匠精神
7	第7章 滚动轴承的互换性 滚动轴承的精度等级及其应用	新型轴承的生产，联系制造装备业的发展，自强不息的民族精神
8	第8章 键和矩形花键的互换性及其检测	在测量实践中，培养相互帮助、相互协作的团队精神
9	第9章 圆锥结合的互换性及其检测	观看纪录片《创新中国》，了解中国制造业的发展，培养吃苦耐劳的品德
10	第10章 普通螺纹连接的互换性及其检测	观看纪录片《创新中国》，了解中国制造业的发展，学习精益求精、一丝不苟的匠人精神
11	第11章 渐开线圆柱齿轮传动的互换性及其检测	观看纪录片《创新中国》，了解中国制造业的发展，培养民族自豪感，增强爱国意识

续表

序号	章节/知识点	课程思政切入思路
12	第12章 尺寸链 保证装配精度的其他措施	观看纪录片《超级工程》，了解中国制造的发展和中国人民勤奋、坚韧、勇于尝试、敢于开创的精神

（九）课程名称：机械制图

序号	章节/知识点	课程思政切入思路
1	制图的国家标准	贯彻执行国家标准，培养工程意识。国家标准越来越靠近国际标准，与国外技术交流增加，彰显国家繁荣强大，激发学生民族自豪感
2	手工绘图	给学生讲述老一辈技术工程师的励志故事，培养学生吃苦耐劳的精神、耐心细致的工作作风和严肃认真的工作态度
3	机械行业图纸标题栏	通过讲述行业严格签字程序，强化学生的职业道德意识，恪守信用、尊重规则的职业道德与修养
4	三视图的形成	引导学生从不同角度看问题
5	立体三视图绘制	通过教学中实际训练过程的规范要求，强化学生的职业道德意识、实践能力和创新创业能力。培养耐心细致的工作作风和严肃认真的工作态度
6	组合体绘制	激发学生凝聚民族团结的正能量
7	剖视图绘制	引导学生透过现象看本质
8	标准件的规格	引导学生树立社会责任感，减少社会资源浪费，也彰显国家的重要性
9	零件的技术要求（表面粗糙度，形位误差，尺寸误差）	通过讲解参数的设定原则，引导学生树立社会责任感，减少社会资源浪费 通过比较与发达国家的技术差距，激发学生社会责任感和爱国热情，努力学习专业知识报效国家
10	装配图的识读	通过一学期的学习，学生能轻松识读图纸，从而建立学生的专业自信，实践创新的工匠精神

（十）课程名称：计算机辅助设计

序号	章节/知识点	课程思政切入思路
1	第 1 章 初识 AutoCAD 2014	从二维软件的种类切入我国二维软件的现状以及软件的市场保护问题，我国应该自力更生发展本国软件
2	第 2 章 AutoCAD 2014 绘图基础	
3	第 3 章 绘制二维图形对象	利用样条曲线绘制中兴公司的商标，切入中兴公司 2018 年被美国罚款的事件，讲明公司的发展离不开自主创新、艰苦奋斗
4	第 4 章 图形编辑	利用扳手建模，切入国内外知名企业大量利用工装夹具，重视工装夹具在生产中的应用，保证产品的一致性、规范性
5	第 5 章 图案填充与图块	国旗图案填充着色，切入中华人民共和国成立不易，提醒同学们爱国，为国家强盛而奋斗
6	第 6 章 图层与查询图形几何信息	
7	第 7 章 文本标注	通过文本输入中各种字库的不同，提醒同学们熟悉各种字库，到时根据不同情况选用，理解技不压身的道理
8	第 8 章 尺寸标注	通过尺寸标注上的错误实例，提醒同学们，标注尺寸与工作中与人相处有些地方是一样的，都需要为他人着想，站在对方的角度看问题，要有团队精神
9	第 9 章 零件图的绘制	利用方向盘建模，切入国内汽车行业与高铁的现状，对比说明光靠合资买不到技术，只有自主创新，方能长远发展
10	第 10 章 装配图的绘制	装配图的绘制需要精确定位，由此切入工作中一定要精益求精，向大国工匠学习

(十一) 课程名称：模拟电子技术

序号	章节/知识点	课程思路切入思路
1	半导体基础知识	Led 灯，节能环保是我国现阶段重要任务之一
2	晶体三极管及放大电路	讲我国第一台大型晶体管计算机：1956年，周总理亲自主持制定的《十二年科学技术发展规划》中，就把计算机列为发展科学技术的重点之一，并在1957年筹建了中国第一个计算技术研究所。中国计算机事业的起步比美国晚了13年，但是经过毛泽东时代老一辈科学家的艰苦努力，中国与美国的差距不是某些人所歪曲的"被拉大了"，而是缩小了。1965年，中科院计算所成功研制了我国第一台大型晶体管计算机：109乙机；对109乙机加以改进，两年后又推出109丙机。109丙机在我国两弹试制中发挥了重要作用，被用户誉为"功勋机"
3	集成电路运放及应用	从第三代中小规模集成电路的计算机到第四代超大规模集成电路的计算机，现在以联想微机为代表的国产微机已占领一大半国内市场
4	直流稳压电源	小电源大学问，做好一个电源也需要精益求精的精神，即现在提倡的工匠精神

(十二) 课程名称：汽车电工电子技术

序号	章节/知识点	课程思路切入思路
1	第1章 直流电路分析	讲解学习电路分析方法对本课程的重要性，要学生克服困难，努力学习，为服务社会做好知识储备
2	第2章 正弦交流	结合交流电路讲解电力传输，回顾历史，从过去的煤油灯照明到现在大街小巷灯火通明，偏远山区的村村通工程，说明我国人民在党的领导下生活越来越美好

续表

序号	章节/知识点	课程思路切入思路
3	第3章 常用半导体元器件及应用	常用半导体元器件及应用：1956年，周总理亲自主持制定的《十二年科学技术发展规划》中，就把计算机列为发展科学技术的重点之一，并在1957年筹建了中国第一个计算技术研究所。中国计算机事业的起步比美国晚了13年，但是经过毛泽东时代老一辈科学家的艰苦努力，中国与美国的差距不是某些人所歪曲的"被拉大了"，而是缩小了。1965年，中科院计算所成功研制了我国第一台大型晶体管计算机：109乙机；对109乙机加以改进，两年后又推出109丙机。109丙机在我国两弹试制中发挥了重要作用，被用户誉为"功勋机"
4	第4章 集成电路运放及其应用	讲第三代中小规模集成电路的计算机研制到第四代超大规模集成电路的计算机研制；现在以联想微机为代表的国产微机已占领一大半国内市场
5	第5章 数字电子技术	从晶体管电话大哥大到今天的华为及我国的"北斗"系统，我国的科技正在崛起

（十三）课程名称：汽车机械基础

序号	章节/知识点	课程思政切入思路
1	汽车工程材料	通过介绍我国钢铁产量的增长激发学生的爱国热情
2	汽车构件力学分析	利用讲解汽车受力分析把我国汽车发展前景介绍给同学们，增强他们的民族自豪感
3	汽车常用机构	讲解四杆机构在火车上的应用，进而介绍我国高铁取得的举世瞩目的成绩
4	汽车机械传动装置	讲解齿轮传动时重点介绍我国高精密齿轮的设计和制造，宣传大国重器的意义和价值
5	汽车常用机械零部件	轴承的制作需要工匠精神
6	汽车液压传动	讲解液压传动在无人机和自动驾驶上的应用，展现我国在高精尖技术上的领先地位

（十四）课程名称：三维设计基础

序号	章节/知识点	课程思政切入思路
1	第1章 SOLIDWORKS 2014入门	从三维软件的种类切入我国三维软件的现状以及软件的市场保护，明确我国应该自力更生发展本国软件
2	第2章 草图绘制	利用样条曲线绘制华为的商标，切入为这两年的飞速发展离不开自主创新、艰苦奋斗
3	第3章 基础特征建模	利用扳手建模，切入国内外知名企业大量利用工装夹具，重视工装夹具在生产中的应用，保证产品的一致性、规范性
4	第4章 附加特征建模	利用方向盘建模，切入国内汽车行业与高铁的现状，对比说明光靠合资买不到技术，只有自主创新，方能长远发展
5	第5章 曲线与曲面设计	利用螺旋桨建模，切入国内飞机行业发展的历史，从"运十"的下马到C919的首飞，说明高科技产业只有国家自主研发才有希望
6	第6章 装配体设计	通过千斤顶的装配建模需要精确定位，切入工作中一定要精益求精，向大国工匠学习
7	第7章 工程图设计	通过工程图转换到AUTOCAD中标注尺寸，提醒同学们熟悉各种软件，让大家理解技不压身的道理

（十五）课程名称：机械制造基础

序号	章节/知识点	课程思政切入思路
1	金属材料基本知识	金属材料的发展历史： 人类社会的发展历程，是以材料为主要标志的。历史上，材料被视为人类社会进化的里程碑。对材料的认识和利用的能力，决定着社会的形态和人类生活的质量。历史学家也把材料及其器具作为划分时代的标志，如石器时代、青铜器时代、铁器时代、高分子材料时代……

续表

序号	章节/知识点	课程思政切入思路
1	金属材料基本知识	如：夏商周秦时，出现了铜，制成各种器具和武器；汉清时，冶炼铜、铁，铜为器具，铁为武器；近代，钢；现在以及未来：合金。通过讲述金属材料的发展历史，培养学生了解历史、铭记历史的好习惯，从而激发学生的爱国热情
2	钢的热处理	经过近年的发展，中国钢铁产业取得了举世瞩目的成就，逐步步入成熟的发展阶段。1949年中国钢铁产量只有15.8万吨，到了2013年突破10.67亿吨。通过列举中国钢铁产量的变化，培养学生的民族自豪感。 目前，我国钢铁12.6亿吨产能，8.5亿吨消耗量，1.4亿吨极限出口量，过剩产能2.7亿吨。出现了产能严重过剩、市场秩序混乱、效益严重低下等问题，鼓励学生努力学习，建立自信心，为解决钢铁行业的难题贡献自己的力量
3	金属材料	大多数金属材料被破坏后不能被再次使用，不仅污染环境，还会造成资源的浪费（如铁生锈、铜氧化等）。一直以来，环境污染都是社会的一大公害。由于环境的污染，大气层的温度不断地提高，天灾也在不断地发生，因此只有保护好我们的环境，不污染环境，才能够使人们的生活质量有所提升。为了解决这一问题，人们发现了金属材料——铝，这是一种环保的金属材料，其中铝板已经在很多地方得到了应用，但其应用还不够广泛。在此我们通过培养学生的专业自信，让他们相信通过自己在专业方面的努力不仅可以节省资源，而且可以为"美丽祖国"这座大厦添砖加瓦
4	非金属材料	陶瓷属于非金属材料的一种。通过比较中国陶瓷和欧洲陶瓷的发展史，尤其中国陶瓷在技术与艺术上所取得的成就，让学生们感受到先辈的智慧与才华，培养民族自豪感

续表

序号	章节/知识点	课程思政切入思路
4	非金属材料	高分子材料属于非金属材料的一种。生活中常见的橡胶、塑料和纤维等都属于高分子材料，烧毁不达标的塑料生活用品会污染环境，危害人类的健康。引导学生生活中做到垃圾分类，杜绝使用不合格塑料用品及养成少使用塑料、一次性餐具等好习惯，为环保贡献微薄之力
5	铸造	铸造是人类掌握比较早的一种金属热加工工艺，已有约6000年的历史。通过介绍中国古代铸造简史及铸造工艺早期、近代到现在对人们生活水平的影响，建立学生的专业自信，对以后自身的发展充满信心。制作《中国古代铸造简史》的PPT
6	塑性成型	通过在本章节介绍宋玉泉教授（塑性变形理论专家，中国科学院院士）一生在塑性成型方向所做出的杰出贡献，引导学生学习专家在科研方面无私奉献的伟大精神。制作《2017年中国锻造行业发展概况分析》的PPT
7	焊接成型	介绍我国焊接技术的发展趋势，激励学生努力学习科学技术知识，要学有所成，将来立足社会，回馈社会，更好地推动社会发展。制作《我国焊接技术的发展趋势》的PPT
8	金属切削加工	介绍我国金属切削加工设备的发展概况并与国外相比较，从而激发学生的研发兴趣，为振兴我国的金属切削加工设备做出贡献
9	典型零件加工工艺	在典型零件加工工艺的学习过程中让学生懂得零件加工工艺不是一成不变的，而是多种多样的，从而激发学生的研发精神

（十六）课程名称：工程力学

序号	章节/知识点	课程思政切入思路
1	工程力学概述、静力学基本概念（刚体、平衡、力系等）	从工程力学引申至大国崛起之路——机械制造业乃是国之脊梁，激发学生求学欲和专业自信
2	静力学公理（四公理两推论）、力的表示法（矢量法、几何法、解析法）	静力学公理引发复习牛顿三定律，找关联【名人堂】——牛顿
3	力矩、力偶、力的平移定理	【发现之眼】方向盘的小身材大学问
4	约束与约束力	各种不同类型的约束【发现之眼】中国古建筑——榫卯结构，不用一钉，却如中华民族之魂，屹立千百年
5	受力图及实例分析	【发现之眼】画一画重庆石门大桥的受力图 中国古代石拱桥——赵州桥
6	平面力系的类型及其简化	【发现之眼】生活中的平面力系
7	平面任意力系的平衡方程及应用	【名人堂】——"中国航天之父"钱学森
8	平面特殊力系的平衡方程及应用	【名人堂】——"艺术与科学"钱学森之妻——蒋英
9	静定与超静定、物系的平衡（解题思路归纳）	【发现之眼】中国现代史诗级建筑——港珠澳大桥
10	平面桁架及实例分析	【动手做】中国古代是怎么搭桥的——拱桥的原理
11	考虑摩擦时的平衡问题	【发现之眼】永动机能实现吗？
12	空间汇交力系的合成与平衡 力在空间直角坐标轴上的投影	【动手做】简易版3D全息投影
13	力对点之矩 vs.力对轴之矩 空间力偶系	【发现之眼】方向盘是怎么控制车向的？——汽车的传动系统

续表

序号	章节/知识点	课程思政切入思路
14	空间任意力系的简化及简化结果分析	【动手做】三阶魔方PK赛
15	重心与形心	【名人堂】——"工匠祖师爷"鲁班
16	材料力学概述、载荷的类型及材料的力学性能	【发现之眼】中国近现代民族工业——材料的发展
17	外力与内力、应力-应变截面法、轴力与轴力图	【发现之眼】手机中应用到的工程力学原理——以小米Mix 20和华为手机为例
18	拉压杆的变形、胡克定律	【名人堂】——"伦敦达·芬奇"胡克
19	材料轴向拉压时的力学性能常见工程材料介绍	【发现之眼】陶瓷的性能及烧制陶瓷在现代机械工业领域的应用
20	剪切的工程实例及实用计算	【名人堂】——"钢铁侠"埃隆·马斯克
21	扭转内力-扭矩与扭矩图	【脑洞大开】驱动一个变形金刚战士需要多少能量？

二、设备运维类课程

（一）课程名称：设备管理

序号	章节/知识点	课程思政切入思路
1	设备管理概述	机器设备在企业中处于十分重要的地位，影响着企业生产经营活动的全局。号召学生在学习专业知识的同时，要有大局观和大局意识
2	设备的前期管理	涉及设备采购，特别是国外设备采购的时候，要做好充分的准备。做好设备技术水平和投资经济效果的预估，争取国际贸易中最大的经济效益
3	设备的日常管理	细心做好设备的日常管理工作，需要各部门之间密切配合，强调团队合作意识，齐心协力共促企业和国家的发展

续表

序号	章节/知识点	课程思政切入思路
4	设备的运行与维护	做好设备运行和维护的日常工作，发扬工匠精神。党的十九大报告中提出"建设知识型、技能型、创新型劳动者大军，弘扬劳模精神和工匠精神，营造劳动光荣的社会风尚和精益求精的敬业风气"。解读什么是工匠精神，以及工匠精神的内涵和代表人物
5	设备的润滑管理	做好润滑工作的同时，要注意工作内涵。"工匠精神"的基本内涵包括敬业、精益、专注、创新等。敬业是从业者基于对职业的敬畏和热爱而产生的一种全身心投入的认认真真、尽职尽责的职业精神状态。中华民族历来有"敬业乐群""忠于职守"的传统，敬业是中国人的传统美德，也是当今社会主义核心价值观的基本要求之一。早在春秋时期，孔子就主张人在一生中始终要"执事敬""事思敬""修己以敬"。"执事敬"，是指行事要严肃认真不怠慢；"事思敬"，是指临事要专心致志不懈怠；"修己以敬"，是指加强自身修养，保持恭敬谦逊的态度
6	设备备件的管理	备件的管理要做到精益。精益就是精益求精，是从业者对每件产品、每道工序都凝神聚力、追求极致的职业品质。所谓精益求精，是指已经做得很好了，还要求做得更好，"即使做一颗螺丝钉也要做到最好"。"天下大事，必作于细"，能基业长青的企业，无不是精益求精才获得成功的
7	设备的更新与技术改造	让学生了解到我国加入WTO以后，企业所面临的国内、国际市场的激烈竞争，如果企业要想在激烈的市场竞争中生存和发展，必须不断提高自身整体装备水平，加快企业的设备更新和设备技术改造

续表

序号	章节/知识点	课程思政切入思路
8	数控设备的管理	让学生意识到我国的制造业水平在国际上所处的地位，意识到目前还存在的差距，从而不断奋进
9	设备及备件的信息化管理	学习国际先进信息化设备和手段，促进我国设备信息化的发展，促进我国经济发展
10	现代设备管理方法	掌握什么是ISO认证，培养学生国际观和大局意识。学习借鉴日本先进的5S现场管理理论和全员生产维修制度，促进我国民族企业的发展

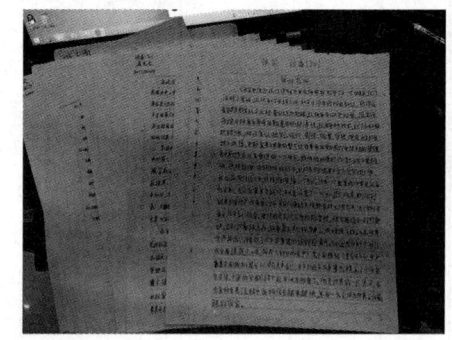

课堂实录

（二）课程名称：推销策略与技巧

序号	章节/知识点	课程思政切入思路
1	推销概述	讲解推销与营销的关系，切入经济学相关专业基础知识，讲解中国为什么要走具有中国特色的社会主义市场经济之路以及中国共产党是如何在摸索与实践中一步步走出这条道路的
2	寻找与接近顾客	号召学生以此为契机，培养专业素质，不断提高自身能力，向着专业化、职业化发展；号召学生向国内营销岗位优秀的行业专家学习，孜孜不倦，刻苦攻坚，在营销岗位上为祖国的发展做出贡献

续表

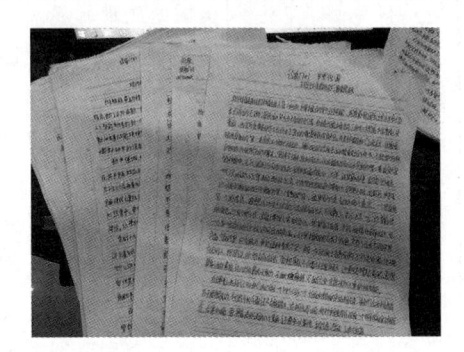

序号	章节/知识点	课程思政切入思路
3	顾客异议及处理	使学生了解顾客异议的原因和解决技巧，在坚持原则的基础上，不卑不亢，妥善处理。进而衍生到处理国际贸易异议和问题时，我方应该持有的态度，做一个国家尊严和荣誉的捍卫者和支持者
4	推销价格	使学生了解到价格的形成作为各种社会因素的综合作用，在实际商务活动尤其是国际商务活动中，必须进行具体、灵活的运用。只有充分认识到这一点，并且充分掌握影响其波动的规律，才能让我国在国际经济竞争中处于有利地位
5	成交与履约	强调依法、依规履行合同的重要性，培养学生的契约精神；解读党的十九大报告中的"全面依法治国"，强调全面依法治国是中国特色社会主义的本质要求和重要保障
6	推销与谈判技术	怎样在国际贸易谈判中争取主动权，维护祖国利益，使国家经济获得发展
7	销售促进技术	学会怎样促进销售，特别是国际贸易中怎样将产品卖出去，将技术引进来，发展自身企业
8	网络推销	把握好网络这个销售渠道的同时，也要注意网络意识形态的建设，把握党性修养，做社会主义好网民

课堂实录

（三）课程名称：C语言程序设计

序号	章节/知识点	课程思政切入思路
1	C语言程序设计简介	建立学生的专业自信，实践创新的工匠精神 《日本这一材料拒绝中国购买，欲实行技术封锁，三个月后后悔不已》（新浪网2018年3月） 　　横跨长江的苏通大桥最大跨径为1 088米，这是人类建造斜拉桥的跨越能力首次突破1 000米大关。在苏通大桥建造之初，考虑到货船的正常通航，设计师决定把主跨修到1 088米，修建主塔超300米的斜拉桥。但是这对钢索的质量要求颇高，一般的钢索还不行，它必须能承受住1 770兆帕的拉力，并且要扭转11圈不能断裂，在当时，这种钢索我们是无法生产出来的。当时我国的技术还没有这么先进，但是日本却已经有了这种技术，我们向日本提出了想要购买的想法，但是日本却不愿给我国提供钢索，拒绝了我们。鉴于大桥主体部分都已经修建，中途放弃是肯定不行的，因此我们就只能自己研发了。这时上海宝钢集团站出来担起了这个重要的任务，经过三个月的不懈努力，他们成功地完成了任务，完成量产
2	简单程序设计	优秀文化传承，激发学生爱国情怀 《大国胸怀！美军航母造访中国香港，不计前嫌允许靠岸！》（搜狐网2018年11月18日） 　　近段时间，中国和美国在南海问题上的关系非常紧张，美国的航母战舰来中国访问的消息备受关注。在前段时间，美国多次派出战机以及怂恿他国战机到我国南海地区进行所谓的自由航行，给双方带来不必要的争端。因此，先前美国的两栖攻击舰准备在我国香港着陆的请求遭到我国的严厉拒绝。然而这一次，美国的航母战舰再次请求来到我国香港周边海域，不过这一次却已经得到我国的允许。据悉，来到我国香港的是美国的"里根"号航母以及其他几艘战舰。美军的航母战舰也于今天全部停靠我国香港海岸。美军航母这次来到我国香港只是进行简单的补给

续表

序号	章节/知识点	课程思政切入思路
2	简单程序设计	另外，在补给的过程中会开放航母，让提前预约的香港民众进行参观。这次之所以允许美国的航母战舰进入我国海域，有专家认为更多的是显示中国的大国胸怀
3	数组应用	厉害了，我的国！国力强盛，激发学生爱国情怀 《7座海礁升级成岛，"不沉航母"令国人振奋》（网易新闻2018年10月） 　　当年，中国受多方面影响，对南海顾及不暇。但现今，随着综合国力的日渐强盛，南海控制权再次被我国牢牢握在手中。更让国人振奋的是，近年来，我国借助独有的造岛神器，将"精卫填海"的神话变为现实，南沙7座海礁在"填海造陆工程"的打造下已升级成岛，如此鬼斧神工令世界各国惊叹。 　　不仅如此，我国还在这些扩充后的岛屿上新建了机场，让它们成了外界口中名副其实的"不沉航母"，对祖国的国防安全起到了不容忽视的作用。以往，对跨度上千千米的南海海域，我军战机全面监控总有些力不从心。但岛上机场的建成，就为战机中途停落、补给提供了良好的平台，这不仅极大地增强了我军对南海的管控能力，也对那些想在南海"搞事情"的国家起到了威慑作用
4	函数模块化设计	建立学生的专业自信，实践创新的工匠精神 《我国购买4艘旧航母，其中一艘改成辽宁舰，还有一艘被拆解》（搜狐网2018年10月5日） 　　航母是海上霸主，是一个大国强国的标配，中国要想维护自己的海洋战略权益，就必须发展自己的海军和航母！为了少走弯路，我国购买航母进行研究，1999年，我国购买了瓦良格号航母，在回国路上经过一波三折的艰辛路程后，终于在2002年抵达大连。2012年，"瓦良格"号更名为"辽宁"号，交付海军使用，辽宁舰也成为我国第一艘航母。那么辽宁舰是我国购买的第一艘航母吗？不是，我国曾购买了4艘航母，这4艘航母是"墨尔本"号、"明斯克"号、"基辅"号和"瓦良格"号，其中"墨尔本"号被拆解。

续表

序号	章节/知识点	课程思政切入思路
5	指针	建立学生的专业自信，实践创新的工匠精神 《再破纪录，中国连续两天往太空发射火箭，7颗卫星上太空》（新浪网2018年11月26日） 　　2018年11月19日凌晨2点钟，在西昌卫星发射基地，我国再次点火发射了一枚火箭，采用"一箭双星"的方式，发射了两颗卫星。这两颗卫星是北斗的第42、43颗组网卫星，这次成功发射，意味着北斗基本系统大功告成，接下来再进入试运行调控，就可以正式地进行运营后阶段，成为美国GPS的最大劲敌。到时候我们的手机导航，就可以使用国产的北斗系统！总设计师兴奋地表示，北斗系统是中国改革开放40年来取得的重要成就之一，中国将在2035建成更加智能、全面的综合时空系统
6	程序设计实例1	建立学生的专业自信，实践创新的工匠精神 《055大驱引全球关注，摆在眼前还有一难题》（搜狐网2018年11月23日） 　　中国正在建造舾装的055型驱逐舰引发了全球的关注，军事分析人士指出，这是中国海军走向深蓝最为坚实的一步，这也关乎中国海军的航母战斗群的战斗力。不过，摆在眼前的还有一个很大的难题要解决。当前，已有4艘055型驱逐舰下水，可以确定的有2艘在造，此前媒体报道称，首批将建造8艘。目前，对于055型下一代驱逐舰的升级更多的关注在舰载武器上。在前不久的珠海航展上，我国大方地展示了CM-401高超音速反舰导弹的舰载版本，该导弹最高速度可以达到6马赫，这意味着目前最先进的反导系统也无法拦截。与此同时，中国还建造了大量的052D驱逐舰、056型护卫舰等各种军舰。在面对巨大幸福之际，海军也面临着新的难题，那就是需要大量的军舰官兵。据媒体报道，一艘055型驱逐舰需要配备近400官兵，连续快速的军舰下水，需要培养大量的人员，而这些高科技的新

续表

序号	章节/知识点	课程思政切入思路
6	程序设计实例1	设备、新系统的操作需要时间熟练。接下来，055型驱逐舰将会接二连三地交付海军，最好的军舰来了，需要人将它的性能发挥出来
7	程序设计实例2	建立学生的专业自信，实践创新的工匠精神 《003型航母分段现身之后，中船重工公布又一喜讯，核动力也有突破》（新浪网2018年11月25日） 　　近日，据媒体报道，中国航母事业正进入关键时刻，而海军的最终目标就是要建造核动力航母。那么中国海军为何独爱航母呢？专家一语道出了真相。军事专家表示，航母是海战最具威慑力的装备，作为后起的航母国家，我国研制航母必须循序渐进，从滑跃起飞到弹射起飞航母，从常规动力航母到核动力航母，只有拥有了核动力航母，中国海军才能真正走向远洋。日前，中船重工宣布将建造我国首艘核动力舰艇，消息一出立即引起了外界高度关注，很多军事观察家相信中国已经在舰船核动力方面取得了重大进展，虽然核动力舰船都只是民用舰只，但是这些舰只可以为中国做技术经验积累，以后的003型航母，可能真的应用核动力技术。如果真是这样的话，我国将在技术上追上美国航母
8	程序设计实例3	国际环境瞬息万变，激发学生爱国情怀 《美双航母一艘抵香港，另一艘呢？》（人民日报海外网2018年11月22日） 　　2018年11月19日时，美军"里根"号与"斯坦尼斯"号双航母战斗群在完成联合演习后分开，"里根"战斗群先进入南海，然后于21日抵达香港访问。"斯坦尼斯"战斗群则继续在菲律宾群岛东侧的太平洋水域活动。"斯坦尼斯"战斗群在独立行动后，继续向南在菲律宾海域航行。早前有分析认为，"斯坦尼斯"号将和"里根"号一样进入南海，但不同的是取道菲律宾、马来西亚等附近的公海进入，这样在南海形成双战斗群"南北夹击"的态势

(四）课程名称：变频器技术应用

序号	章节/知识点	课程思政切入思路
1	第1章 变频技术概述	了解学习先进技术，为中国制造2025战略的实施贡献自己的力量
2	第2章 变频控制技术原理	了解掌握电力电子技术的发展历程，变频技术的快速发展，需要我们刻苦努力地学习，紧跟技术发展
3	第3章 变频器基本使用	掌握变频器最基本的使用方法，掌握变频器基础操作方法对后续工程应用是非常重要的。万丈高楼平地起，学生要重视基础技能的学习
4	第4章 常用控制功能	根据工程应用的实际情况，分解各种基本的应用功能，在学习过程中教育学生理论联系实际，养成一切从实际出发的求是态度

（五）课程名称：车身维修质量检测

序号	章节/知识点	课程思政切入思路
1	汽车维修质量检验标准	长安集团检验标准，实践创新的工匠精神
2	汽车维修工艺质量	企业家的创业励志故事 建立学生的专业自信，实践创新的工匠精神
3	汽车维修质量评定	一汽大众集团检验评定标准，弘扬传统工匠精神
4	汽车检测维修技术	大国工匠宣讲

（六）课程名称：车身修复技术

序号	章节/知识点	课程思政切入思路
1	焊接工艺	国产002型航母焊接工匠，激发学生爱国情怀
2	喷涂技术	企业家的创业励志故事 建立学生的专业自信，实践创新的工匠精神
3	车身轻微损伤修复	铁匠铺的铁匠精神，弘扬传统工匠精神
4	板件切割	不同材料的切割工艺，企业家的创业励志故事

（七）课程名称：车身修复技术和美容实训

序号	章节/知识点	课程思政切入思路
1	焊接工艺	国产002型航母焊接工匠，激发学生爱国情怀
2	喷涂技术	企业家的创业励志故事 建立学生的专业自信，实践创新的工匠精神
3	美容材料应用	国产美容材料发展，企业家的创业励志故事
4	汽车水性油漆发展	国产水性油漆发展，企业家的创业励志故事

（八）课程名称：传动系检修

序号	章节/知识点	课程思政切入思路
1	泵盖及孔道	观察分析细致，空间结构判断能力
2	离合制动器（片组）	小东西，大学问
3	差速器齿轮装调	简单的调试，做好不容易
4	轴承寿命及异响	中外轴承对比分析

（九）课程名称：二手车鉴定评估与交易

序号	章节/知识点	课程思政切入思路
1	评估准备	国内外二手车市场发展现状，激发学生对二手车行业的热爱
2	现场鉴定	二手车鉴定评估师的职业标准，引导学生爱岗敬业、诚实守信
3	二手车价值评估	学习典型的评估案例，建立学生的专业自信，实践创新的工匠精神
4	二手车交易	国务院办公厅关于促进二手车便利交易的若干意见

（十）课程名称：发动机构造

序号	章节/知识点	课程思政切入思路
1	配气机构	电子配气系统，关注行业最新技术动向，培养专业兴趣
2	发动机装配	介绍装配不当导致工作异常案例，树立严谨工作作风

续表

序号	章节/知识点	课程思政切入思路
3	燃油供给系统	分层燃烧及利弊,结合现行发动机技术使用中存在的问题,引导自主思考
4	中外发动机技术及总体质量差异	关注行业现状,开阔视野

(十一)课程名称:发动机管理系统的诊断与维修

序号	章节/知识点	课程思政切入思路
1	发动机持续高速运转,但无法加速	汽车企业家的创业励志故事,建立学生的专业自信,实践创新的工匠精神
2	发动机无法起动	汽车维修专家的从业故事,实践创新的工匠精神
3	发动机持续高速运转且发动机故障指示灯亮起	了解国外先进技术以及我国高级汽车维修技师的从业故事,实践创新的工匠精神
4	发动机运转不平稳且发动机故障指示灯亮起	高级汽车维修技师的从业故事,实践创新的工匠精神
5	发动机运转不平稳且熄火	高级汽车维修技师的从业故事,实践创新的工匠精神
6	发动机功率受限且发动机故障指示灯亮起	高级汽车维修技师的从业故事,实践创新的工匠精神
7	车辆在冷态下冒烟	高级汽车维修技师的从业故事,实践创新的工匠精神
8	负荷变化时发出敲击噪音	高级汽车维修技师的从业故事,实践创新的工匠精神
9	怠速时发出嘎嘎声	汽车维修专家的从业故事,实践创新的工匠精神
10	发动机运转时一直发出嘎嘎声	了解国外先进技术以及我国高级汽车维修技师的从业故事,实践创新的工匠精神
11	发动机运行时发出咯咯声	高级汽车维修技师的从业故事,实践创新的工匠精神
12	召回活动-降低耗油量	高级汽车维修技师的从业故事,实践创新的工匠精神

续表

序号	章节/知识点	课程思政切入思路
13	更换正时皮带	高级汽车维修技师的从业故事，实践创新的工匠精神
14	汽油发动机没有通过废气检测	讲述尾气对人及环境的危害，提升并加强学生环保意识
15	柴油发动机没有通过废气检测	按规定流程操作，获取准确的测量数据，培养工作的严谨态度
16	发动机功率明显下降且发动机指示灯亮起	接待维修，具备良好的仪态仪表
17	停车时发动机不能熄火	接待维修，良好的沟通能力
18	新车油耗非常高	维修工作中，分析并培养成本意识

（十二）课程名称：机电设备维修工艺

序号	章节/知识点	课程思政切入思路
1	绪论	介绍中国机械工程学会设备维修学会发展历程，激发学生爱国情怀
2	第1章 机械设备修理的基本知识	传授理论知识，建立学生的专业理论自信
3	第2章 机械设备的拆卸与装配	示教讲解操作技能，建立学生的专业技能自信
4	第3章 机械修理中的零件测绘设计	示教讲解操作技能，建立学生的专业技能自信
5	第4章 机械失效零件的修复技术	建立学生的专业自信，实践创新的工匠精神
6	第5章 机械设备修理的检具、研具的选用	引入行业/企业技能大师的成长故事，培养学生的工匠精神
7	第6章 机械设备修理精度检验	示教讲解操作技能，建立学生的专业技能自信
8	第7章 典型机械设备的修理	引入行业/企业技能大师的成长故事，培养学生的工匠创新精神

（十三）课程名称：金属基础知识

序号	章节/知识点	课程思政切入思路
1	钢的热处理	介绍国产002型航母焊接所用材料，激发学生爱国情怀
2	金属材料应用	企业家的创业励志故事 建立学生的专业自信，实践创新的工匠精神
3	铝合金材料应用	介绍国产大飞机C919，弘扬传统工匠精神
4	玻璃在汽车上的应用	介绍福耀玻璃发展历程、企业家的创业励志故事

（十四）课程名称：汽车保险与理赔

序号	章节/知识点	课程思政切入思路
1	汽车保险基础	介绍风险时，提示同学们在学习、实训、工作中有风险意识 介绍保险行业发展现状时，通过对国内知名企业的介绍，增强对民族企业的自豪感
2	汽车保险投保	讲保险合同条款、保险投保时，引导同学们养成认真、诚信的工作作风
3	汽车保险核保与承保	讲保险核保与承保时，引导同学们养成严谨、细致的工作作风
4	汽车保险事故理赔	讲查勘、定损员工作职责和工作流程时，强化认真、热情、诚信的工作态度 讲核损、核赔岗工作时，强化细致、实事求是的工作态度
5	保险欺诈	通过欺诈案例，展示不诚信的后果，帮助同学们确立诚信守法的工作底线

（十五）课程名称：汽车车身制造

序号	章节/知识点	课程思政切入思路
1	概述 汽车车身综述	国情介绍、爱国、技术进步、创新、创业

续表

序号	章节/知识点	课程思政切入思路
2	新型材料的应用与研发	行业科学家/企业家的创业励志故事 建立学生的专业自信,实践创新的工匠精神
3	冲压	技术进步的过程描述,传统创业过程介绍
4	拉深	描述压力与动力的关系,描述缺陷与预防

(十六)课程名称:汽车传动系统的诊断与维修

序号	章节/知识点	课程思政切入思路
1	汽车传动系统结构认识	通过讲解汽车传动系统的内容,升华到中国汽车建造历史和成就,提高学生的民族自豪感,弘扬中国汽车文化底蕴
2	变速器的分类及各自优缺点	通过讲解不同类型的变速器,让学生以辩证的思维考虑问题,培养学生的辩证思维和独立思考的能力
3	手动变速器故障检修	通过讲解变速器的检修,引入我国的变速器新技术、变速器技术方面的改革,提高学生的创造和创新能力。引导学生以主人公的姿态为中国科学科技的发展贡献力量
4	自动变速器	通过讲解自动变速器,引入中国知名变速器厂,比如青山变速器厂,增强学生的爱国情怀
5	自动变速器的检修	通过检修,讲到大国工匠陶巍,他被誉为"汽车神医";培养学生不怕吃苦、精益求精、精雕细琢的精神,向大国工匠学习
6	驱动桥的结构与驱动桥的实操故障模拟	通过实操练习,提高学生动手能力的同时,也激发学生学习热情,培养他们独立思考问题的能力

（十七）课程名称：汽车单片机原理及应用

序号	章节/知识点	课程思政切入思路
1	单片机硬件、常用的专业名词	建立学生的专业自信，实践创新的工匠精神 《从"北斗"身上看中国人的志气和精神》（凤凰网 2018 年 11 月 22 日） 近日，一个非常让人振奋的消息传来：2018 年 11 月 19 日 02 时 07 分，我国在西昌卫星发射中心用长征三号乙运载火箭（即远征一号上面级），以"一箭双星"方式成功发射第 42、43 颗北斗导航卫星。此次成功发射，标志着我国北斗三号基本系统星座部署圆满完成。中国从 2000 年建成"北斗导航试验系统"，也就是"北斗一号系统"，到今天"北斗三号系统"基本部署完成，共用了 18 年的时间。在这 18 年间，中国航天科学家从试验阶段开始，一步步掌握了独立自主的卫星导航系统核心技术，而且速度越来越快，2018 年就发射了 18 颗。据报道："这意味着我国北斗导航系统的北斗三号系统的架设已经基本完成，在这之后就是要将此次发射的卫星，与之前发射的 17 颗北斗三号导航功能卫星进行组网联调，北斗三号系统的成功架设，意味着我国北斗导航系统已经由'区域'开始向全球化迈进了。"
2	程序存储器和堆栈	建立学生的专业自信，实践创新的工匠精神 《055 大驱引全球关注，摆在眼前还有一难题》（搜狐网 2018 年 11 月 23 日） 中国正在建造舾装的 055 型驱逐舰引发了全球的关注，军事分析人士指出，这是中国海军走向深蓝最为坚实的一步，这也关乎中国海军的航母战斗群的战斗力。不过，摆在眼前的还有一个很大的难题要解决。当前，已有 4 艘 055 型驱逐舰下水，可以确定有 2 艘在造，此前媒体报道称，首批将建造 8 艘。不过，按照军事观察

续表

序号	章节/知识点	课程思政切入思路
2	程序存储器和堆栈	者分析,首批8艘只是055型驱逐舰的开始,接下来055A型、B型及相关升级型号将会陆续建造。在前不久的珠海航展上,我国大方地展示了CM-401高超音速反舰导弹的舰载版本,该导弹最高速度可以达到6马赫,这意味着目前最先进的反导系统也无法拦截。与此同时,中国还建造了大量的052D驱逐舰、056型护卫舰等各种军舰。在面对巨大幸福之际,海军也面临着新的难题,那就是需要大量的军舰官兵。据媒体报道,一艘055型驱逐舰需要配备近400官兵,连续快速的军舰下水,需要培养大量的人员,而这些高科技的新设备、新系统的操作需要时间熟练。接下来,055型驱逐舰将会接二连三地交付海军,最好的军舰来了,需要人将它的性能发挥出来
3	指令系统	建立学生的专业自信,实践创新的工匠精神 中国建成世界最难建的隧道 　　如今中国的发展也是十分迅速了。中国的基础设施建设越来越先进。中国制造的能力和技术都不可小觑。但是在中国发展之前,确是很多设备都是要从国外购买,而有些国家也就开始坐地起价,故意抬高价格。但是中国没有停止发展的脚步,直到现在中国取得了有目共睹的成绩。今天我们要说的就是我国接下一个超级工程。2018年11月6号我国接下的这一工程已经全面完工且通车了。这个工程就是我国在非洲建造的一条隧道。当初我国接下这一工程时不被世界各国所看好,有些西方国家还说我国自不量力。在我国接手之前,就已经有23个国家进行过这条隧道的勘察与建设,但都是以失败告终,没有攻克其中的难题。因此,这条隧道也被公认为是世界上难度最高的项目。

续表

序号	章节/知识点	课程思政切入思路
4	PIC单片机的软件工作平台MPLAB	建立学生的专业自信,实践创新的工匠精神 《中国发现铼矿大矿场》(新浪网2018年9月) 　　中国航空起步晚、发展快,在历代科学家呕心沥血的研究下,近年来,中国航空取得了惊人的成绩,不断突破国外的技术封锁,无论是在民用航天领域还是军用航天领域都进展迅速,相信在不久之后,中国航空将赶超世界一流水准。航空航天的发展需要大量的人力物力和各种资源,现在很多国家都掌控着高端科技,如今限制航空航天发展的关键就是资源,而这类资源中稀土资源是最重要的资源之一,另外有一种更加稀有重要的是铼矿资源。中国这次在陕西发现了令世界多国都眼红的大矿场,这个矿场含有丰富的铼矿资源,推测占据世界铼矿资源的约7%。铼在制造工业上有着无法替代的作用,它是制造航空发动机单晶叶片的重要元素,而叶片的制造水平高低直接决定了航空发动机性能的好坏
5	定时器/计数器模块的基本用途	建立学生的专业自信,实践创新的工匠精神 《航空发动机大变革——自适应循环发动机将成主流,中国能赶上吗?》(腾讯网2018年11月21日) 　　中国航空发动机和世界领先水平相比,差距甚大。举个例子,美国把F135的发动机推力从19吨升级到22吨,而公开资料显示中国太行发动机推力仅13.5吨左右。考虑到发动机自身的重量,差不多3台太行发动机才能顶得上1台美国的F135发动机。可能有人说F135是美军最先进的,太行可不是我们最先进的,但问题是,F135已经投入使用,而我们能看到的中国自主生产的却还只有太行。毫无疑问,太行解决了我国发动机领域的有无问题,意义极其重大,但也充分说明在这个领域,我们落后太远,要赶超就必须在该领域

续表

序号	章节/知识点	课程思政切入思路
5	定时器/计数器模块的基本用途	出现重大技术变革时迎头赶上。比如自适应变循环发动机。中国的循环发动机已有曙光，央广网曾发布一篇专访发动机权威刘永泉（中国航空发动机集团专制型号总师、沈阳发动机研究所总设计师）的文章专访。文章重点回顾了刘永泉帮助解决涡扇 10、涡扇 15 等型号的重大问题，还提到在他的带领下，中国已完成了自适应循环发动机的整机验证。这充分说明，在航空发动机瞄准变循环的下一代时，我们已经行动，在这个环节，我们没有落后太多。中国航空太需要优异的发动机，为此，需要更多的这个领域的英雄
6	PIC 编程的特殊问题、个性化程序的设计方法	建立学生的专业自信，实践创新的工匠精神 《又一艘海上巨船研制成功，重达 7 万吨以上，建造难度堪比航母》（人民网 2018 年 11 月 22 日） 航母有多么难以研制，想必大家心知肚明，要不然也就不会只有十几个国家能够拥有航母了。而真正可以独立建造航母的国家也只有中美俄英法。印度的维克兰特号航母从 20 个世纪末就开始筹划，至今还没有竣工，说是自研航母，实际上美俄出了不少力。由此可见，航母的研制确实千难万难，仅仅一个特殊钢板就足以难倒一批人，更别谈先进的雷达、动力、武器系统了。我国的航母研制成果喜人，国产航母经过三次海试基本上初具规模，不出意外的话第二年就能顺利服役。而辽宁舰经过多年锤炼已经具有作战实力，届时双航母战力定然可以震慑宵小，维护国家主权与利益。现在，我国又在研制一种万吨巨舰，毫不夸张地说建造难度堪比航空母舰，不信就让我们一起来看看。央视新闻于 21 日爆料，我国的 LNG（液化天然气）商船研制成功，这种巨船动辄 7

- 99 -

续表

序号	章节/知识点	课程思政切入思路
6	PIC 编程的特殊问题、个性化程序的设计方法	万吨以上,至少可以装载 17 万立方米的液化天然气,让我国的能源运输行业更上一层楼,从此打破韩国与西方国家的垄断地位。大家千万别以为装载液化天然气的船只没什么了不起,那可相当于一个定时炸弹,它需要保证天然气在零下 163 摄氏度,完成数千千米的航运工作,一丝错误都不容发生。而且我国要么不做,要做就是世界顶尖,这艘液化天然气船是全球首艘 17 万立方级的双艉鳍推进零货损型巨船,暂时没有任何国家有能力仿制
7	程序实践 1	国力强盛,激发学生爱国情怀。 《7 座海礁升级成岛,"不沉航母"令国人振奋》 　　当年,中国受多方面影响,对南海顾及不暇。但现今,随着综合国力的日渐强盛,南海控制权再次被我国牢牢握在手中。相比之下,更让国人振奋的是,近年来,我国借助独有的造岛神器,将"精卫填海"的神话变为现实,南沙 7 座海礁在"填海造陆工程"的打造下已升级成岛,如此鬼斧神工令世界各国惊叹。 　　不仅如此,我国还在这些扩充后的岛屿上新建了机场,让它们成了名副其实的"不沉航母",对祖国的国防安全起到了不容忽视的作用。以往,对跨度上千千米的南海海域,我军战机全面监控总有些力不从心。但岛上机场的建成,就为战机中途停落、补给提供了良好的平台,这不仅极大地增强了我军对南海的管控能力,也对那些想在南海"搞事情"的国家起到了威慑作用

（十八）课程名称：汽车电器系统的诊断与维修

序号	章节/知识点	课程思政切入思路
1	汽车电路图的识图基础	宣讲长安汽车首席装调技师李虎努力学习电路图，最终获得兵装技能大师称号的工匠精神故事
2	电源系统	宣讲长安汽车李元圆自学成才，成为兵装技能带头人的工匠精神故事
3	起动电路	宣讲长安商务车装调技师田钭努力拼搏，成为全国技术能手的匠人故事
4	车身电器	宣讲长安汽车陈思良努力学习，成为全国技术能手、兵装技能带头人的工匠精神故事
5	空调系统	宣讲长安汽车郭宗泽努力学习技能，获得重庆市第五届汽修技能大赛第一名，获得重庆五一劳动奖章的工匠精神故事
6	网络系统	宣讲长安汽车装调技师张传华成为获得国务院津贴技师，获得重庆五一劳动奖章的工匠精神故事
7	通信系统	宣讲长安汽车发动机技师张永忠获得全国劳模称号的工匠精神故事
8	全车电路图	宣讲长安汽车技师刘源获得"中华技能"大奖的工匠精神故事

（十九）课程名称：汽车电子控制技术

序号	章节/知识点	课程思政切入思路
1	汽车电子技术的发展	介绍汽车电子的发展历程，体现汽车电子技术的日新月异，让同学们感受中国在汽车电子技术上的巨大贡献，激发同学们的工匠精神
2	蓄电池与交流发电机	介绍蓄电池、交流发电机的结构、工作原理及特性，了解新型动力电池及动力电池管理系统，使同学们了解中国汽车企业在新能源汽车方面做出的贡献，激发爱国情怀

续表

序号	章节/知识点	课程思政切入思路
3	发动机电力起动系统	介绍起动机的结构、工作原理及特性，引入新型电力起动系统，使同学们认识并反思中国制造的产品
4	汽油机点火系统	介绍几种不同品牌车辆的点火系统，对比国外车辆品牌的点火系统，通过对比进行反思
5	仪表、照明与信号系统	介绍仪表、照明与信号三大系统，重点在新型技术的应用，如随动转向大灯，增强同学们在汽车电子技术方面的创新意识
6	附属设备	电动雨刮、电动防夹车窗、中央门锁等技术的应用都体现了人性化的服务理念，技术的研制是用来服务人类、推动人类文明的进步的
7	发动机电控燃油喷射系统	介绍电控汽油喷射系统各零部件所在的位置、各执行器和传感器的巧妙设计，增强同学们的工匠精神
8	自动变速器	向同学们介绍我国的变速器发展历程，以及为什么变速器发展进步很困难，增加同学们对国家工业发展的使命感
9	电动助力转向系统	讲解电动助力转向系统的结构、工作原理和控制方法，学习把相关的理论知识灵活应用到实践中，解放生产力，让生活更便利、更美好
10	安全和舒适性系统	随着汽车技术整体水平的不断升高，人们对于汽车的安全和舒适性要求越来越高，因此利用智能化设计手段实现汽车的人性化设计变得越来越重要，让同学们意识到新技术的研发迫在眉睫
11	汽车控制器 EMC 电磁兼容	电磁兼容是未来汽车发展的趋势，同学们应顺应时代潮流，激流勇进，开创未来
12	汽车 CAN 总线技术	车载网络技术是一门新兴技术，介绍其在中国汽车上的发展历程及面临的问题，引导同学们产生兴趣，并为此不断奋斗、乐于奉献

（二十）课程名称：汽车电子商务

序号	章节/知识点	课程思政切入思路
1	汽车电子商务概述	明确学习目标，激发学生学习热情，建立学生的专业自信
2	信息网络技术基础	在信息网络技术知识的了解部分，找到我们与国际间的差距，帮助学生树立职业的拼搏精神和培养强烈的职业成就感
3	电子商务支付系统	通过学习讨论，了解国内支付系统的发展和现状，让学生有强烈的国家自豪感
4	汽车在线零售与 B2C	通过学习讨论，了解国内汽车零售的现状，培养学生社会责任感，激发创新意识
5	B2B 电子商务	通过了解阿里巴巴公司的发展历程，让学生意识到企业文化与企业精神的重要性
6	电子商务网络营销	通过营销执行力内容的讲解，让学生认识到工作中培养诚信和敬业素养的重要性

（二十一）课程名称：汽车及其系统维护与保养

序号	章节/知识点	课程思政切入思路
1	维护概述与业务接待	通过业务接待流程学习中国传统的"礼"和"仪"，达到保护与传承传统文化的目的
2	汽车电器设备系统检查	以汽车信号灯为案例简述违反规则带来的危害与影响，让学生学习规则、敬畏规则，使我们的生活和谐有序，使我们的世界和平美好
3	汽车发动机系统检查维护与保养	通过对比全球与中国汽车工业发展史，引入长安蓝动系统发动机与主要厂商发动机对比，激发学生爱国热情与自豪感
4	汽车底盘系统检查	通过介绍奇瑞汽车发展史，激发学生学习工匠精神

（二十二）课程名称：汽车美容

序号	章节/知识点	课程思政切入思路
1	汽车美容概述 汽车美容工具和设备 汽车美容安全注意事项 汽车美容的详细项目介绍	结合企业的实际工作和案例，让同学们建立安全意识、规范意识，向企业家学习
2	汽车内外部清洗实操	介绍社会上企业家的创业励志经历，建立学生的专业自信，实践创新的工匠精神
3	漆面美容 汽车漆面美容概述 汽车漆面美容护理 车蜡的种类和选用 汽车漆面打蜡及抛光	介绍漆面美容的方法，引申到"面子"问题。人都是要脸面的，今后在社会中做任何事情都要对得起自己的脸面，也不要给父母丢脸，以此建立学生的社会荣辱感
4	汽车漆面打蜡抛光实操	通过打蜡操作，让学生了解即使犯了错，也是可以弥补的，要知错能改，做对社会有用的人，强调法律意识
5	汽车太阳膜用途介绍 汽车太阳膜种类介绍 贴汽车太阳膜实操演示	通过介绍太阳膜的贴法，让学生了解透过现象看本质的道理，不要被表面现象所迷惑，要经得起诱惑，遵从社会基本法则
6	贴汽车太阳膜实操	通过贴膜练习，让同学们明白团队合作的基本道理，在社会中绝不能过度崇拜个人英雄主义，而是要理解团结就是力量的伟大精髓

（二十三）课程名称：汽车配件专员岗前技能训练

序号	章节/知识点	课程思政切入思路
1	配件管理基础	在介绍配件行业待遇时，强调爱岗敬业的品质；在介绍配件行业发展现状时，介绍知名的自主品牌的奋斗成绩，增强民族自豪感，并宣导自主创新、努力奋斗的重要性

续表

序号	章节/知识点	课程思政切入思路
2	零配件采购和出入货品管理	讲采购和出入库管理时，强化细致、认真的工作态度
3	零配件仓储管理	讲面对琐碎的仓储管理时，强化踏踏实实、爱岗敬业的工作态度
4	零配件配送、索赔管理	强化爱岗敬业、热情服务顾客的工作态度

（二十四）课程名称：汽车渠道开发与管理

序号	章节/知识点	课程思政切入思路
1	分销渠道概论	在分销渠道概论学习中引入国内外汽车行业渠道模式的对比，让学生找到发展中的差距，激发学生爱国热情与自豪感
2	分销渠道的结构和功能	在讲解分销渠道职能的时候，让学生领悟到价值观和职业素养的重要性
3	分销传统渠道	学习过程中，使学生认识到无论什么行业都需要有商业规则，并讲求职业道德
4	商品的分销新渠道	通过网络经济的发展和现状的讲解，让学生逐步树立创新和创业的精神与勇气
5	分销渠道的设计	通过对本章内容的学习，让学生们认识到专业知识带来的前瞻性和提高成功概率的方法，从而逐渐找到职业成就感
6	渠道成员的选择	在选择渠道成员的过程中，让学生领悟规则、敬畏规则，懂得个人和企业的集体荣誉感带来的是无价的信任
7	渠道冲突和管理	在渠道管理的知识教学中，让学生懂得如何把握原则和行业自律，帮助学生形成正确的职业道德观
8	分销的管理工作重点	在渠道管理重点工作中，建立学生的专业自信，实践创新的工匠精神
9	渠道绩效评估	在渠道评估贡献率的教学知识点中，融入职业理想和职业规划的内容，使学生更好地面对专业知识的学习

（二十五）课程名称：汽车售后企业认知

序号	章节/知识点	课程思政切入思路
1	汽车售后企业的现状与组织结构	通过介绍售后企业的现状和发展、与国外企业之间的差距，帮助学生树立爱国主义情怀和继续为富强民主的国家做出贡献的价值观
2	售后服务企业的岗位认知	通过对岗位的认知，帮助学生培养敬业、诚信的职业素养
3	售后服务各岗位的工作重点	通过对部分岗位工作的讲解，导入社会主义核心价值观中的敬业，并树立个人价值观、企业价值观、社会主义核心价值观统一的思想
4	客户关系管理	在讲解与客户关系的内容中，培养学生诚信、友善的价值观

（二十六）课程名称：汽车消费心理分析

序号	章节/知识点	课程思政切入思路
1	消费心理学的基础知识	介绍需要、动机时，强化关注顾客需求、热情服务的工作态度 个性消费心理学习中，引导同学们认识到人的个性，并有针对性地提供服务
2	顾客购买心理	现场服务中，倡导同学们规范、标准的工作作风 广告心理学中，提醒同学们注意广告宣传底线，且注意对未成年人的保护
3	经营者心理	讲顾客异议处理时，引导同学们树立热情服务、不卑不亢的工作作风
4	消费心理学知识拓展	新的消费者理论和成果展示中，引导同学们积极探索、不断创新的工作态度

（二十七）课程名称：汽车性能评价与选购

序号	章节/知识点	课程思政切入思路
1	自主品牌发展趋势、取得的成绩以及不足	21世纪以来，自主品牌快速发展，自主品牌与国外的差距越来越小。全面认识自主品牌，既要看见取得的成绩，又要看到不足之处
2	对比美国和中国对汽车安全性的测试	让学生认识到汽车安全性的重要性，培养学生的安全意识
3	意大利车型的讲解	意大利顶级车不仅仅是交通工具，还是顶级的艺术品，让同学对工匠精神有更深的理解，树立正确的从业观

（二十八）课程名称：汽车专业英语

序号	章节/知识点	课程思政切入思路
1	Auto brands	通过介绍中国汽车产业发展，强化爱国主义教育，激发学生爱国情怀
2	The development of the automobile	中国汽车在20世纪50年代艰难起步，80年代兴起合资热潮，20世纪末群雄自主，中国汽车工业的每一步前进都喧闹而艰辛
3	Automobile engine	1999年5月18日，中国诞生第一台从设计、研发到生产制造都完全自主的发动机，见证中国自主品牌一路坚持正向研发，突破汽车核心技术的历史性时刻
4	New energy vehicles	国产品牌比亚迪作为新能源汽车引领者，多次蝉联全球新能源市场销售冠军
5	Auto chassis	行业科学家/企业家的创业励志故事 建立学生的专业自信、实践创新的工匠精神
6	Auto body and accessories	中国品牌在世界市场占有率不断提高，希望汽车与家电、手机行业一样，慢慢让中国品牌成为主流，中国品牌将引领汽车的未来
7	Automobile electrical and electronic systems	虽然现代汽车很多核心技术都掌握在外国人手里，我国与国外的汽车技术差距较大，但我们切实感受到了中国民族汽车工业在踏踏实实地进步

续表

序号	章节/知识点	课程思政切入思路
8	Auto maintenance and repair	认清中国汽车制造与外国汽车工业技术上的差距，激励学生刻苦学习、脚踏实地、开拓进取、奋起直追
9	Automobile marketing	2008年到现在，中国汽车产销量始终处于世界第一位，建立学生的专业自信
10	Auto insurance and claims	增强学生交通安全意识，学习交通法规，维护道路交通秩序，预防和减少交通事故，保护人身安全
11	Auto beauty and decoration	当代大学生应是社会知法守法的模范群体，应以自身行动及形象影响社会，维护祖国的美好形象

（二十九）课程名称：汽车专业英语

序号	章节/知识点	课程思政切入思路
1	第1章 绪论	了解学习先进技术，为中国制造2025战略的实施贡献自己的力量
2	第2章 交流调速基础	了解掌握电力电子技术的发展历程，变频技术的快速发展。需要我们刻苦努力地学习，紧跟技术发展
3	第3章 伺服驱动电路设计	电路连接是伺服驱动器应用的基础，万丈高楼平地起，强调基础的重要性，培养学生夯实基础、踏实勤奋的工匠精神
4	第4章 伺服驱动操作与调试	从浅到深，引导学生脚踏实地，有什么样的能力办什么样的事，不能好高骛远
5	第5章 伺服驱动功能与参数	根据工程应用的实际情况，分解各种基本的应用功能，在学习过程中教育学生理论联系实际，确立一切从实际出发的求是态度
6	第6章 驱动器监控与维修	引导学生学习相关知识，实事求是；引导学生多方面获取知识和信息，对事物进行全面认识，不要片面和偏激

（三十）课程名称：替代能源驱动系统的诊断与维修

序号	章节/知识点	课程思政切入思路
1	电动汽车维修安全操作	安全操作引入传统文化"忠、孝、义"的教育
2	整车控制系统结构原理与检修	汽车电控系统国外公司的垄断
3	动力电池系统结构原理与检修	环境污染
4	驱动电机及控制系统结构原理与检修	能源危机
5	充电系统结构原理与检修	汽车工业的核心技术掌握
6	辅助系统结构原理与检修	汽车工业的核心技术掌握

（三十一）课程名称：维修中的沟通与互动

序号	章节/知识点	课程思政切入思路
1	为什么要沟通	明确学习目标，激发学生学习热情，建立学生的专业自信
2	什么是沟通	通过学习讨论，明确社会分工协作使我们的生活和谐有序，使我们的世界和平美好
3	如何沟通	通过实践培养学生工匠精神
4	沟通方法和技巧	通过有效沟通解决社会人际交往问题，构建和谐社会

（三十二）课程名称：液压与气压传动

序号	章节/知识点	课程思政切入思路
1	第1章 液压传动基础	介绍液压技术发展与传授理论知识，建立学生的课程理论自信
2	第2章 液压泵和液压马达	传授理论知识与示教操作技能，建立学生的课程理论和课程技能自信
3	第3章 液压缸	传授理论知识与示教操作技能，建立学生的课程理论和课程技能自信

续表

序号	章节/知识点	课程思政切入思路
4	第4章 液压辅助装置	传授理论知识与示教操作技能，建立学生的课程理论和课程技能自信
5	第5章 液压控制阀和液压基本回路	传授理论知识与示教操作技能，建立学生的课程理论和课程技能自信
6	第6章 典型液压系统	传授理论知识与示教操作技能，建立学生的课程理论和课程技能自信
7	第7章 液压系统的安装和使用及设备	引入行业/企业技能大师的运维故事，培养学生的工匠精神
8	第8章 液压系统设计	引入行业/企业技能大师的设计故事，培养学生的工匠创新精神
9	第9章 气压传动	介绍液压技术发展与传授理论知识，建立学生的课程理论自信
10	第10章 气动系统的使用、维护与故障分析	引入行业/企业技能大师的运维故事，培养学生的工匠精神

（三十三）课程名称：职业素养与企业文化

序号	章节/知识点	课程思政切入思路
1	职业理想与职业生涯规划	培养学生独立思考的能力，确立奋斗目标，在规划职业生涯时树立正确的人生观、价值观、世界观
2	职业道德	提高学生道德素养，引导学生明确学习知识以及工作的前提乃是先学会如何做人
3	企业文化	培养学生的文化素养
4	职场礼仪与沟通	引导学生学会各种职场礼仪——中国是礼仪之邦
5	团队协作	成功的背后都离不开团队的力量——唐僧的团队 理想的团队离不开四种人：德者、能者、智者、劳者

续表

序号	章节/知识点	课程思政切入思路
6	职业素养1	通过了解中国科学技术的发展和各类型企业的发展,帮助学生树立爱国主义情怀和为富强民主的国家做出贡献的价值观
7	职业素养2	通过敬业、诚信的素养知识的讲解导入社会主义核心价值观中的敬业、诚信
8	企业文化1	谈个人价值观、企业价值观、社会主义核心价值观之间的联系
9	企业文化2	通过讲解企业文化内容,培养学生的创新意识以及诚信、友善的价值观

(三十四)课程名称:**自动变速器专项训练**

序号	章节/知识点	课程思政切入思路
1	汽车自动变速器检修概述	通过中国自动变速器现状,导入东安自动变速器研发案例,激发学生创造与创新精神
2	电液控自动变速器(AT)结构与检修	通过辛普森、拉维娜典型人物案例,建立学生的专业自信,实践创新的工匠精神
3	CVT变速器的构造与检修	通过典型日系车分析CVT变速器优劣,强调科技创新重要性
4	双离合自动变速器的构造与检修	通过中国双离合器使用现状,增强民族自豪感

(三十五)课程名称:**"汽车营销策划"实践环节**

实践环节		项目组的筹建	
操作目标	操作过程	操作要求	课程思政切入思路
确定组长	学生自荐或推荐项目组组长	组长责任与义务: 1. 组建项目团队; 2. 带领团队在规定时间内完成项目策划; 3. 监督和控制项目的进度; 4. 协助和指导项目成员完成工作;	通过确定项目组组长、组建项目团队、明确组长的权利和义务,培养学生做事主动、勇于承担责任的职业素养

续表

实践环节		项目组的筹建	
操作目标	操作过程	操作要求	课程思政切入思路
		5. 能正确评价组内成员； 6. 形成积极的小组文化，组内平等、自由表达思想，相互协助，树立正确的职业道德观，能容忍不同观点存在，求同存异	
确定组员	由5个组长轮流在剩下同学中一轮轮确定组员	组员：没有选择组长的权力，一旦归属于某组后不能跳槽 组员责任和义务： 1. 在组内协商确定每次的任务； 2. 按时按质完成工作任务； 3. 碰到困难主动反馈给组长，接受组长及其他组员的帮助； 4. 积极参与讨论，踊跃提出自己的观点，思路和方法不拘一格； 5. 其他组员碰到困难时，积极帮助与协助； 6. 接受组长的监督和项目安排； 7. 发现组内存在问题时积极提出； 8. 对不同观点能持保留意见并表达自己的真实意图； 9. 接受组长评价和组员评价； 10. 能积极客观地评价自己； 11. 与其他组员发生工作和生活上的冲突时，要容忍谦让，求同存异，友好处理	通过组员的被选择和不可按自己意愿选择合作伙伴和组长，培养学生认真主动的职业素养； 通过服从组长及项目组的安排，培养学生服从组织安排的职业素养； 通过按质按量按要求完成项目分配任务，培养学生的敬业精神； 通过帮助组员，培养学生团结协作的职业素养； 通过提出组内存在的问题，培养学生积极主动、善于思考的主人翁精神； 通过对组员间冲突的处理，培养学生友善的品质

续表

实践环节	确定每组项目:完成某汽车公司某新汽车产品上市方案策划书 确定子项目:新产品宏观环境分析、新产品竞争环境分析、新产品市场细分及选择和定位、产品策略、新产品价格策略、新产品渠道策略、新产品推广策略		
操作目标	操作过程	操作要求	课程思政切入思路
任务分工			
执行任务			
内部沟通			
项目执行			
内部沟通			
项目定稿			
内部项目展示			
项目汇报			

(三十六)课程名称:"汽车营销策划"理论环节

序号	章节/知识点	课程思政切入思路
1	汽车市场宏观环境分析	学生在完成汽车市场的经济环境、政治法律环境、科技环境、人口环境、社会文化环境和自然环境等分析时,必须指出哪些分析是通过小组研究而得出的,哪些是引用别人的研究,标明信息来源渠道,培养诚信的品格
2	汽车市场竞争环境分析	中国家用汽车市场主要由纯进口品牌、中外合资品牌和自主品牌汽车厂商组成,而自主品牌表现相对低端、弱小、技术实力薄弱,通过对比,让学生看到民族汽车品牌发展之不易和任重道远,激发学生爱国热情,培养爱国的情怀
3	汽车市场营销战略分析(STP分析)	
4	汽车市场营销战术分析	

（三十七）课程名称：数控车削编程与加工

序号	章节/知识点	课程思政切入思路
1	绪论	从课程教学内容、教学目的及要求，引导学生结合自己的兴趣特长和爱好，确定自己的职业发展方向和就业选择范围，明确职业发展目标，制订本课程的学习规划
2	数控加工编程基础	通过学习新工艺、新知识，了解当前我国智能制造技术发展现状与趋势，弘扬大国工匠细致严谨、敬业爱岗、勇于担当之精神
3	数控车削编程与操作	通过学习机床编程与加工操作规范，领悟敬业爱岗、讲究效率、崇尚卓越的重要性；培养恪守信用、尊重规则的职业道德与修养
4	外轮廓零件车削编程及加工	通过项目案例化教学，培养学生良好的团队合作、乐于助人的精神 通过任务驱动，培养学生克服困难的精神，使之具备较好的忍耐力和开拓创新能力 通过过程考核，养成学生及时完成阶段性工作任务的习惯，提高学习效率，培养时间管理能力

三、智能制造类课程

（一）课程名称：ERP 原理及应用

序号	章节/知识点	课程思政切入思路
1	ERP 概述	国内外典型 ERP 供应商介绍，激发学生爱国情怀和民族自豪感
2	ERP 工作原理	通过 ERP 工作原理的讲解，培养学生的集体意识、大局意识、国家利益意识

续表

序号	章节/知识点	课程思政切入思路
3	ERP 的财务管理系统	讲解财务管理案例，警醒学生在金钱利益面前，守住底线，增强学生遵纪守法意识
4	ERP 的生产控制系统	生产计划的编制需注重企业资源的有效利用和对生产环境的保护，培养学生节约和对环境的保护意识，加深"绿水青山，就是金山银山"认识
5	ERP 的物流供应链系统	阐述物流供应链系统
6	ERP 的人力资源管理系统	通过讲解案例，引导学生形成"全心全意为人民服务"的思想意识，抵制诱惑，守住底线
7	ERP 的质量管理	讲述如何有效进行质量管理，引导学生思考、践行如何做一个爱国的合格的公民、合格的党员
8	企业信息化集成	讲解信息化集成方法及重要性，引导培养学生的集体意识、大局意识、国家利益意识
9	ERP 实施	讲解 ERP 实施原则，引导学生遵守国家法律法规、规章制度等

（二）课程名称：多轴加工技术

序号	章节/知识点	课程思政切入思路
1	模块一 三轴铣削加工	介绍多轴加工技术国内外的发展过程，找出我们与国际先进水平的差距，激励学生奋斗精神，培养爱国情怀
2	模块二 四轴铣削加工	通过行业专家的励志故事，树立榜样形象，激发学生斗志
3	模块三 五轴铣削加工	通过专业知识的讲解，宣传工匠精神，建立学生的专业自信，实践创新的工匠精神

（三）课程名称：工程力学（智能制造类）

序号	章节/知识点	课程思政切入思路
1	绪论及静力学基本概念	由牛顿第三定律联系到我国物理学家取得的重大成就，激发学生热爱我国科学家、热爱祖国的情怀
2	平面力系	由平面力系的平衡方程延伸到和谐社会，引导学生坚信学习、遵守、践行党的决议，国家会变得更加强盛，和谐就在我们身边
3	空间力系	由空间力系平衡方程及应用，联想到深入学习国家的政策法规及相应规章制度并践行，这样才能更有效地提高我们的思想政治素质，引导学生爱国
4	轴向拉伸与压缩	通过讲解压杆失稳，警醒学生严守国家的政策、法律、法规
5	剪切与挤压	挤压，引导学生健全人格，做一个充满正能量的人
6	圆轴扭转	引导培养学生纪律意识、规矩意识
7	平面弯曲内力	通过讲解平面弯曲特点，提醒学生以国家利益为中心，培养学生的爱国情怀
8	平面弯曲梁的强度与刚度计算	讲解刚度计算方法，引导学生思考如何提高自身思想政治素质
9	应力状态与强度理论	讲解强度理论及应用，引导学生学习思想政治理论并践行
10	组合变形时杆件的强度计算	讲解组合变形杆件强度计算，培养学生大局意识、爱国情怀
11	质点的运动	讲解质点运动规律，提醒学生遵守国家法律和规章制度
12	刚体的平移与绕定轴转动	讲解绕定轴转动，提醒学生要以国家利益为中心，规范自己的言行
13	点的合成运动	讲解点的合成运动，引导学生充分利用现有优越条件加强自身综合素质修养，为党和国家多做贡献
14	刚体的平面运动	讲解平面运动规律，提醒学生遵守国家法律和规章制度，约束自己的言行
15	动能定理	讲解动能定理，提醒学生遵守国家法律和规章制度，约束自己的言行

（四）课程名称：互换性

序号	章节/知识点	课程思政切入思路
1	第一章 绪论 标准化与优先数	通过讲解标准化与优先数的由来，讲解机械行业的标准化建立。在较短时间内能够赶上世界水平，充分展示我国人民的智慧，增强学生的自信心，激励学生奋发图强，为我国制造业努力奋斗
2	实验一 量块的认识实验	通过专业知识的讲解和实际操作，宣传工匠精神，建立学生的专业自信、实践创新的工匠精神
3	第五章 表面粗糙度及选择 评定基准、评定参数、图样中的标注、表面粗糙度的选择检测	讲解表面粗糙度的重要性和我国能够达到的最高水平，讲解其在深海潜水器中密封性的应用，以及我国深海潜水器达到的世界先进水平，帮助学生增强对我国科技水平的了解，提高学生的民族自信，培养爱国情怀

（五）课程名称：机床夹具设计

序号	章节/知识点	课程思政切入思路
1	生产任务及工作过程分析	依据国内外机械生产中夹具的发展，激发学生爱国情怀和民族自豪感
2	工件的定位	通过加工中工件的定位方法讲解，建立学生的集体意识、大局意识、国家利益意识
3	工件的夹紧	通过讲解工件的夹紧情况，树立学生的民族自信心和全民族的团结意识
4	刀具导向与夹具的对定	讲解刀具导向与夹具的对定相关知识，建立学生的国家创新和知识产权保护意识
5	夹具连接元件和夹具体的设计	讲解夹具连接元件和夹具体的设计，警醒学生守住底线，增强学生遵纪守法意识
6	夹具图样设计	通过讲解夹具图样设计，引导学生形成"全心全意为人民服务"的思想意识，抵制诱惑，守住底线
7	夹具精度校核	讲解夹具精度校核的重要性，引导学生培养集体意识、大局意识、国家利益意识
8	各类专用夹具的设计	讲解各类专用夹具的设计，强化学生的爱国、爱党意识

（六）课程名称：机械加工工艺与装备

序号	章节/知识点	课程思政切入思路
1	总论	依据国内外机械加工制造业与制造技术的发展，激发学生爱国情怀和民族自豪感
2	金属切削基础知识与刀具	通过金属切削基础知识与刀具的讲解，建立学生的集体意识、大局意识、国家利益意识
3	机械加工装备	通过讲解机床装备在国内的发展和应用情况，树立学生的民族自信心
4	数控加工工艺装备——夹具	讲解夹具相关知识，建立学生的国家创新和知识产权保护意识
5	数控加工工艺规程	讲解加工工艺规程相关案例，警醒学生守住底线，增强学生遵纪守法意识
6	数控加工质量分析	通过讲解数控加工质量分析，引导学生形成"全心全意为人民服务"的思想意识，抵制诱惑，守住底线
7	数控装配工艺基础	讲解数控装配工艺的重要性，引导学生培养集体意识、大局意识、国家利益意识

（七）课程名称：机械制造加工工艺学

序号	章节/知识点	课程思政切入思路
1	机械制造工艺学概述	从机械制造技术的水平和发展开始，介绍机械制造技术的地位和作用，以及与发达国家的差距，激发学生对机械制造技术的热爱与创新爱国精神
2	工艺规程的制订	由工艺规程的制订规则和所应遵循的依据，联想到深入学习国家的政策法规及践行相应规章制度，这样才能更有效地提高我们的思想政治素质，激发学生爱国情怀
3	机床夹具设计	由机床夹具设计的制订规则和所应遵循的依据，延伸至中国制造2025、创新精神与大国工匠精神

续表

序号	章节/知识点	课程思政切入思路
4	典型零件加工	由轴类、箱体、圆柱齿轮等典型零件的加工工艺的制订规则和所应遵循的依据，延伸到和谐社会，引导学生坚信学习、遵守、践行党的决议，国家会变得更加强盛，和谐就在我们身边
5	尺寸链	由尺寸链计算及应用，联想到深入学习国家的政策法规及相应规章制度并践行，这样才能更有效地提高我们的思想政治素质，激发学生爱国情怀
6	机械加工精度	通过讲解加工精度，提醒学生严守国家的政策、法律、法规
7	机械加工表面质量	介绍加工表面质量的同时，引导学生健全人格，做一个充满正能量的人
8	精密加工与特种加工	讲解精密加工与特种加工，培养学生大局意识、爱国情怀
9	制造技术的新发展	通过介绍制造技术的新发展，引导学生充分利用现有优越条件加强自身综合素质修养，为党和国家多做贡献

（八）课程名称：基础工业工程

序号	章节/知识点	课程思政切入思路
1	工作任务1：生产与生产率管理	通过对某一生产、服务系统（组织）或社会经济系统的生产率进行测定、评价及分析的活动和过程来讲述生产率对我国制造业的影响，激发学生爱国情怀，为中国制造2025目标而奋发向上
2	工作任务2：工业工程概述	通过工业工程的概述，让学生了解国内外发展状况以及工业工程专业学生需具备的能力，建立学生的专业自信、实践创新的工匠精神

续表

序号	章节/知识点	课程思政切入思路
3	工作任务3：工作研究	通过改进作业流程和操作方法，实行先进合理的工作定额，充分利用企业自身的各种资源，走内涵式发展的道路，挖掘企业内部潜力，提高企业的生产效率和效益，降低成本，增强企业的竞争能力。世界各国都将工作研究作为提高生产率的首选技术。美国90%以上的企业都应用了工作研究，企业的生产率普遍提高50%以上。激发学生为祖国繁荣而努力的爱国情怀
4	工作任务4：程序分析	从第一个工作地方到最后一个工作地方，全面地分析有无多余、重复、不合理的作业，程序是否合理，搬运是否过多，延迟等待是否太长等问题，通过对整个工作过程的逐步分析，改进现行的作业方法及空间布置，提高生产效率。也可以说，程序分析是通过调查分析现行工作流程，改进流程中不经济、不均衡、不合理的现象，提高工作效率的一种研究方法，激发学生爱国情怀，为祖国机械制造而奋发创新
5	工工作任务5：作业分析	使作业者、作业对象、作业工具三者科学合理地布置和安排，达到工序结构合理，减轻劳动强度、减少作业工时消耗、缩短整个作业的时间，提高产品的质量和产量的目的，激发学生爱国情怀，为祖国机械制造而奋发创新
6	工作任务6：动作分析	了解为了以最低限度的疲劳获取最高的效率、寻求最合理的动作作业时应遵循的原则。根据这些原则，任何人都能检查作业动作是否合理，培养学生实践创新的工匠精神，为更好地服务智能制造而不断进步

续表

序号	章节/知识点	课程思政切入思路
7	工作任务7：秒表时间研究	秒表时间研究是在一段时间内运用秒表或电子计时器对操作者的作业执行情况进行直接、连续地观测，把工作时间和有关工作的其他参数，以及与标准概念相比较的对执行情况的估价等数据，一起记录下来，并结合组织所制定的宽放政策，来确定操作者完成某项工作所需的标准时间，培养学生时间标准意识，为更好地服务智能制造而不断进步
8	工作任务8：工作抽样	对作业者和机器设备的工作状态进行瞬时观测，调查各种作业活动事项的发生次数及发生率，进行工时研究，并用统计方法推断各观测项目的时间构成及变化情况，培养树立学生时间标准意识，为更好地服务智能制造而不断进步
9	工作任务9：预定动作时间标准法	吉尔布雷斯夫妇于1912年提出了动作经济原则，以后又提出了动素的划分（将人体动作分为17个基本动作要素），并利用电影机观测操作者的动作与所需时间。1934年，美国无线电公司的奎克（J. H. Quick）等人在动作研究的基础上创立了工作因素体系（Work Factor System），简称WF。1948年，美国西屋电气公司梅纳德（H. B. Maynad）、斯坦门丁（G. J. S tegemerteh）和斯克互布（J. L. Schwab）公开了他们研制的方法时间衡量（Methods Time Measurement），简称MTM。通过上述相关知识介绍，培养学生开阔的视野和时间标准意识，以中国制造2025为契机，奠定车间数字化建设的基础

（九）课程名称：金属切削原理与道具

序号	章节/知识点	课程思政切入思路
1	工作任务1：金属切削的基本概念	通过了解我国金属青铜器制造灿烂历史，树立传统文化的保护与传承意识，激发学生爱国情怀，为中国机械制造而奋发向上
2	工工作任务2：刀具图综合应用	通过国内的刀具结构与先进的德国刀具结构比较，建立学生的专业自信，实践创新的工匠精神
3	工作任务3：刀具材料	通过了解我国陶瓷制造灿烂历史，树立传统文化的保护与传承意识，激发学生爱国情怀，为祖国繁荣而努力
4	工作任务4：金属切削过程基本规律	通过我国机械制造业与国外（德国）机械制造业中制造的工件加工精度对比，激发学生爱国情怀，为祖国机械制造业的进步奋发创新
5	工作任务5：切削规律的应用	通过我国机械制造业中低效率与低环保与国外（日本）绿色机械制造业对比，激发学生爱国情怀，为祖国机械制造业的进步而奋发创新
6	工作任务6：典型切削加工方法及其刀具	通过了解我国广州数控机床的车削加工情况，树立学生对独立知识产权的认识，实践创新的工匠精神，让中国先进的智能制造业不断进步
7	上课案例	

（十）课程名称：精益生产实训

序号	章节/知识点	课程思政切入思路
1	安全教育与安全注意事项	安全教育及案例剖析，提醒学生不仅要注意自身的言行安全，还要注意网络安全，传播发扬正能量，增强学生的爱国意识
2	运输问题	案例分析运输费用最小问题，培养学生节约意识，引导学生厉行节约、反对铺张浪费
3	决策分析	绘制决策树，培养学生的逻辑思维能力，引导思考如何有效提高思想素质、政治觉悟和爱国精神
4	精益生产六要素	剖析精益生产六要素，引导学生思考从哪些方面着手提高自身的思想政治素质
5	PDCA、5W1H及应用	讲解5W1H技术，引导学生进行自我剖析，找到如何有效增强纪律意识的途径
6	八大浪费	列举、分析浪费案例，加深对浪费这种不良行为的认识，培养节约意识
7	成本分析与控制	讲解成本分析与控制案例，引导学生守住底线，增强爱国意识、集体意识、纪律意识

（十一）课程名称：模具设计（下）

序号	章节/知识点	课程思政切入思路
1	塑料与塑料成型工艺	我国的塑料发展史，激励学生奋斗精神及爱国情怀
2	塑料注射模具设计	建立学生的专业自信，实践创新的工匠精神
3	其他塑料成型模具	行业科学家/企业家的创业励志故事

（十二）课程名称：人因工程

序号	章节/知识点	课程思政切入思路
1	人因工程概述	介绍我国的人因工程领域学者与专家，树立学生的专业自信和专业情怀
2	人因工程起源与发展	介绍我国的人因工程发展史和贡献，激励学生的学习精神及爱国情怀
3	体力工作负荷	介绍我国典型的工匠实例，培养学生的工匠精神
4	劳动安全与事故预防	介绍我国劳动安全方面现状与法律法规，从而激发学生的爱国精神与专业发展意识

(十三) 课程名称：三维设计

序号	章节/知识点	课程思政切入思路
1	燃油箱吊座的数字化设计	介绍三维软件的发展过程，激励学生奋斗精神及爱国情怀
2	手柄的数字化设计	行业科学家/企业家的创业励志故事
3	音箱盖的数字化设计	行业科学家/企业家的创业励志故事
4	滤清器管座的数字化设计	建立学生的专业自信，实践创新的工匠精神
5	三通管的数字化设计	建立学生的专业自信，实践创新的工匠精神
6	支架的数字化设计	建立学生的专业自信，实践创新的工匠精神

(十四) 课程名称：生产现场管理

序号	章节/知识点	课程思政切入思路
1	生产现场管理概论	讲解我国生产现场管理理论的发展史，激发学生的学习精神及爱国情怀
2	生产现场 5S 管理	从身边生活中树立 5S 管理意识，培养学生良好的生活和职业素养
3	现场品质管理	讲解我国目前对产品质量把控现状，产品质量问题引发的安全问题，建立学生严格把控质量问题的意识
4	现场生产安全管理	介绍生产现场安全问题实例，树立学生标准化操作和安全管理意识

(十五) 课程名称：生产现场管理

序号	章节/知识点	课程思政切入思路
1	绪论	讲述运筹学发展历程及我国取得的成就，增强学生国家和民族自豪感
2	线性规划	通过讲解线性规划建模约束条件，引导学生遵纪守法，遵守规章制度
3	运输问题	案例分析运输费用最小问题，培养学生节约意识，引导学生厉行节约、反对铺张浪费

续表

序号	章节/知识点	课程思政切入思路
4	目标规划、整数规划、动态规划	讲解目标规划，引导学生把增强爱国、爱党情怀作为自己加强思想政治素质修养的目标
5	图与网络分析、网络计划	掌握图与网络制作方法，引导学生规范言行，注意网络安全，传播发扬正能量，增强学生的爱国意识
6	存储论、决策论	绘制决策树，培养学生的逻辑思维能力，引导思考如何有效提高思想素质、政治觉悟和爱国精神

（十六）课程名称：**数控机床原理与系统**

序号	章节/知识点	课程思政切入思路
1	数控机床组成及数字控制原理	国内数控发展现状与困境，激发学生探索精神
2	插补与刀具补偿	行业创新励志故事，实践创新的工匠精神
3	数控系统的组成	计算机的不断进步和发展对数控技术的促进作用，激发学生对行业前景的展望
4	数控机床的电气控制系统	机电不分家，引导学生拓展知识面，丰富自己的专业知识
5	数控系统中的PLC控制	国内外PLC现状与趋势，激发学生创新意识
6	进给伺服控制驱动系统	行业创新事迹，激发学生创新能动性
7	主轴伺服控制驱动系统	行业创新事迹，激发学生拼搏精神
8	位置检测装置	国内检测技术的发展成绩与问题，激发进取意识
9	数控机床的主体结构	通过机床的总体布局，引导学生在工作中树立大局意识，全面思考问题
10	数控机床的主传动系统	介绍电主轴，建立学生对行业发展的自信
11	数控机床的进给系统	介绍超高速加工技术，直线电动机驱动，建立学生对行业发展的自信
12	工作台与自动换刀装置	宣传工匠精神，实践创新的工匠精神
13	其他辅助装置	介绍我国自动化、智能化生产的发展趋势，激发学生爱国热情

（十七）课程名称：数控加工编程与操作

序号	章节/知识点	课程思政切入思路
1	绪论	国内外数控机床的发展，激发学生爱国情怀和民族自豪感
2	数控加工编程基础	通过数控机床工作原理的讲解，建立学生的集体意识、大局意识、国家利益意识
3	数控车床编程与操作（FANUC）	讲解加工案例，警醒学生守住底线，增强学生遵纪守法意识
4	数控铣床编程与操作	通过讲解铣床加工，引导学生形成"全心全意为人民服务"的思想意识，抵制诱惑，守住底线
5	加工中心编程与操作	讲解精密加工的重要性，引导学生培养集体意识、大局意识、国家利益意识

（十八）课程名称：数控原理与系统

序号	章节/知识点	课程思政切入思路
1	绪论	国内数控发展现状与困境，激发学生探索精神
2	数控系统程序输入与通信	国内芯片行业之痛，激发学生爱国情怀
3	插补原理与刀具补偿原理	行业创新励志故事，实践创新的工匠精神
4	CNC装置	西门子介绍，激发学生拼搏精神
5	伺服系统	介绍行业创新事迹，激发学生创新能动性
6	位置检测装置	介绍国内检测技术的发展成绩与问题，激发进取意识
7	数控系统中的PLC控制	介绍国内外PLC现状与趋势，激发学生创新意识
8	数控系统连接	国内外常用系统优缺点讨论，建立学生对国产系统的自信

（十九）课程名称：物流工程

序号	章节/知识点	课程思政切入思路
1	物流工程概述	介绍物流工程发展历程，引导学生加深对中华民族伟大历史的认识，增强学生的爱国情怀
2	设施规划与设计	讲述设施设计原则，引导学生遵守国家法律、规章制度
3	物料搬运	讲解物流搬运路线，引导学生规划好职业生涯，争做对国家、对社会、对人民有用之才
4	物流分析与物料搬运系统设计	讲解物料搬运系统设计，引导学生建立集体意识、大局意识、国家利益意识
5	仓储管理与库存控制	讲解仓储管理，引导学生充分利用现有的优越条件，在提升学习成绩的同时致力提高思想道德素质
6	运输管理	讲解运输成本最低化，培养学生节约意识，引导学生厉行节约，反对铺张浪费
7	物流信息系统	讲述物流信息的内涵，引导学生加强政治学习，提高思想素养
8	物流管理与控制	讲述物流管理方法，让学生分析总结，找到更有效的学习方法、提升自己素质
9	现代物流工程与物流管理	讲述现代物流形式，激发学生对未来的希望，坚信祖国会变得更加繁荣昌盛
10	物流中心设计	讲解中心设计，激发学生以国家利益为中心，培养爱国热情

（二十）课程名称：物流条形码技术应用

序号	章节/知识点	课程思政切入思路
1	物流信息技术概述	通过讲授我国的物流信息技术发展史和贡献，激励学生学习精神及爱国情怀
2	条形码技术	通过讲授我国条形码发展进程，激发学生的民族和技术自豪感
3	无线射频技术	通过讲授我国目前无线射频技术应用现状，建立学生的学习自信，培养学生的工匠精神
4	GIS 与 GPS 技术	通过讲授我国 GPS 发展史，激发学生的爱国热情与奋斗精神
5	电子商务	通过我国电子商务的发展进程介绍，培养学生的创业与创新意识和精神

(二十一) 课程名称：系统仿真与建模

序号	章节/知识点	课程思政切入思路
1	工作任务1：系统仿真基础	从系统的观点出发，让学生树立大局意识观，树立远大的理想，为祖国建设努力学习专业知识
2	工作任务2：Flexsim仿真入门	通过Flexsim仿真软件和简单的排队系统和复杂的排队网络系统的概述，了解车间生产系统的构成要素，建立学生的专业自信、实践创新的工匠精神
3	工作任务3：输入数据采集与分析	连续随机变量分布类型辨识和离散随机变量分布类型辨识，利用数理统计的规律，结合大数据整理分析，帮助学生树立爱国情怀，为祖国繁荣而努力
4	工作任务4：随机数和随机变数的生成	离散随机系统仿真模型中有许多随机因素，在模型运行过程中，需要系统不断地根据各种概率分布生产一些随机的数值，这些从某种概率分布生成的随机数值称为随机变数。通过学习，激发学生大数据分析兴趣，为中国制造2025奋发创新
5	工作任务5：仿真输出分析	介绍估计性能指标的均值及其置信区间的方法、终止型仿真和非终止型仿真的概念，让学生更加熟练分析输出结果，寻找规律，激发学生爱国情怀，为祖国机械制造而奋发创新
6	工作任务6：Flexsim建模进阶	通过Flexsim对象触发器执行次序、Flexsim脚本编程基础和Flexsim树结构，帮助学生通过形象具体的三维模型来模拟车间生产的情况，培养学生实践创新的工匠精神，为更好服务智能制造而不断进步
7	工作任务7：模型校核与验证	通过模型校核、模型验证、Flexsim调试工具和技术的学习，培养学生树立车间仿真意识，为更好服务智能制造而不断进步
8	工作任务8：仿真优化	仿真优化就是由优化软件自动生成不同的方案，并寻找使得目标函数最优的方案。通过学习，培养学生树立时间标准意识，为更好地服务智能制造而不断进步
9	工作任务9：系统仿真典型应用	通过库存系统仿真、系统仿真在集装箱码头堆场闸口、规划中的应用，配送中心订单拣选流程仿真的学习，让学生树立大局意识，以中国制造2025为契机，奠定车间数字化建设的基础

（二十二）课程名称：应用统计

序号	章节/知识点	课程思政切入思路
1	认识应用统计方法	通过讲述统计科学家励志故事，激发学生学习的主动性
2	统计调查方案设计	通过讲述国家统计方案案例，促使学生了解国家方针政策
3	统计调查组织与实施	通过讲述国家统计调查实例，促使学生了解工作的艰辛，提高拼搏精神
4	统计调查资料整理	用国家行业统计数据，使学生了解幸福生活的不易
5	统计数据分析	用行业科技发展数据激发学生创新能动性
6	统计分析报告撰写	用国内外科技发展报告激发学生进取意识

四、自动化类课程

（一）课程名称：C语言程序设计1

序号	章节/知识点	课程思政切入思路
1	C语言的简单实例	结合不积跬步无以至千里的古训，培养学生重基础、重积累的精神
2	各种语句	结合各种语句的功能，培养学生爱岗敬业的精神
3	分支语句	结合分支语句的讲解，培养学生勇于面对困难和挫折、积极乐观的精神
4	循环语句	结合循环语句的讲解，特别是空循环语句的用处，引导学生树立天生我材必有用、积极向上的精神
5	函数	结合函数的功能，强调专业分工，培养敬业精神
6	数组	结合数组的作用，强调集体意识、团队合作
7	指针	结合指针的功能，引导学生积极主动学习党的方针政策，听党指挥，紧跟党走，为祖国的繁荣昌盛贡献力量

（二）课程名称：C语言程序设计2

序号	章节/知识点	课程思政切入思路
1	概述	通过对程序设计语言的概述，激发学生热爱科学技术，培养学生科技强国的情怀和远大抱负
2	常量、变量、运算符和表达式	万丈高楼平地起，强调基础的重要性，培养学生夯实基础、踏实勤奋的工匠精神
3	分支、循环语句	分支和循环是程序设计的基本结构，由它们可以组成不同的程序结构。通过学习，引导学生多方面获取知识和信息，不要片面和偏激，对事物要有全面认识
4	数组	数组是用来存储一组数据的，通过数组的学习，引导学生凡事经过思考后得出正确的结论，行正确的事
5	指针	指针是C语言的精华部分，通过指针的学习，培养学生实践创新的工匠精神

（三）课程名称：变频器技术应用

序号	章节/知识点	课程思政切入思路
1	序言 变频器技术发展和应用现状	通过变频器技术发展历史以及对生产和人民生活的积极影响，让学生认识到改革开放和走社会主义道路是中国的正确选择
2	第1章 交流异步电动机调速	高性能的变频器取决于大功率开关器件的性能和变频器的控制方法。社会进步包括物质文明和精神文明两个部分，在我们社会经济和生活水平不断提高的同时，也要重视思想道德水平和文化素养的提升
3	第2章 变频器的PWM控制技术	变频器中逆变器的PWM控制技术，以参考正弦波信号为目标控制逆变器输出。在人生道路上也要树立目标和理想
4	第3章 变频器的频率给定线调整	通过实验的方法来调整频率给定线，明确实践是检验真理的唯一标准，要勇于创新，不要墨守成规
5	第4章 频率给定线的有效零设置	有效零设置可以防止变频器意外高速运行，在工作中要注意培养严谨的工作作风，制定周密的计划，提高职业道德和职业素养水平
6	第5章 变频器与PLC的联机控制	组成分布式局域网控制系统，变频器作为一个控制节点，注意培养学生分工协作、团队合作、爱岗敬业精神

（四）课程名称：单片机原理及应用1

序号	章节/知识点	课程思政切入思路
1	熟悉单片机操作环境	介绍单片机在社会经济生活中的广泛用途，激发学生从业热情
2	学习单片机硬件系统	介绍业内的新工艺，结合芯片贸易战，加强职业态度教育，培养爱国情怀
3	单片机并行I/O端口的应用	介绍当前业内最新最热的应用实例，加强职业创新意识，实践创新的工匠精神
4	显示和键盘接口技术应用	加强职业行为教育，锻炼培养学生的动手能力
5	定时与中断系统设计	加强法治教育，合理运用科技，更好地为人类服务
6	串行通信技术应用	加强职业道德教育，把技术用在科技发展的方向
7	A/D与D/A转换接口设计	强化职业规范意识，严格按照规章制度进行操作

（五）课程名称：单片机原理及应用2

序号	章节/知识点	课程思政切入思路
1	单片机硬件系统	万丈高楼平地起，强调基础的重要性，培养学生夯实基础意识和踏实勤奋的工匠精神
2	单片机开发系统	学习先进的开发和仿真软件，应用于教学。培养学生学习世界先进技术的兴趣，激励学生热爱生活，热爱学习，蓄积朝气蓬勃的生命动力
3	MCS-51指令系统	指令系统是单片机应用的难点和重点，培养学生不畏困难，想办法解决困难的能力
4	汇编语言程序设计	结合指令系统设计程序，从浅到深，引导学生脚踏实地，有什么样的能力办什么样的事，不能好高骛远
5	定时器与中断系统	在前面的程序中进一步引入定时器与中断系统，使程序多种方法实现。培养学生积极思考、多方位考虑问题的习惯

续表

序号	章节/知识点	课程思政切入思路
6	单片机显示和键盘接口	引导学生在LED大屏幕上显示爱国标语，随时随地激发学生的爱国热情
7	A/D与D/A转换接口	在前面完成单片机最小系统的前提下，学习转换接口的知识，引导学生意识到学无止境，任何知识都可以学得更广、更深
8	串行口通信技术	涉及通信，引导学生学习相关知识，实事求是，激发学生多方面获取知识和信息，不要片面和偏激，对事物进行全面认识
9	单片机系统扩展	引导学生积极思考，创新与实践结合
10	单片机应用设计与实例	实践出真知，通过综合实践，培养学生实践创新的工匠精神

（六）课程名称：电机与电气控制

序号	章节/知识点	课程思政切入思路
1	直流电机	充分利用互联网资源，广泛收集最新的直流电机的应用案例，通过讲述高新技术的发展和在未知领域的应用，激发学生的好奇心和求知欲
2	变压器	掌握电力变压器在输、配电系统中的作用 关注国家电网，引导学生实践创新
3	异步电动机	课堂教学与动手实践相结合，通过拆装透明的异步电动机，提高学生的实践动手能力
4	常用低压电器	讲述具体工程案例中对低压电器的选型，重在培养学生解决工程问题的能力
5	继电-接触器控制电路基本环节	采用任务分配、角色扮演等方式调动学生的积极性，提高学生团队合作、解决问题的能力

（七）课程名称：电力电子技术

序号	章节/知识点	课程思政切入思路
1	电力电子器件	中国电力电子技术行业领军人物汪槱生（中国工程院院士、浙江大学教授）、钱照明（浙江大学教授）、陆剑秋（西安电力电子技术研究所所长、研究员）的事迹
2	相控整流电路	20世纪60年代美国GE公司建成了世界上高压直流输电工程。我国1987年建成了宁波至舟山跨海直流输电工程，工程线路全长54千米，输送容量达10万千瓦
3	直流变换电路	中国高铁最核心的部件IGBT的生产。我国在高铁和动车组研发初期，IGBT芯片基本靠进口，2015年实现了国产最高等级6 500 V高铁"中国芯"IGBT芯片的量产，该芯片由中国中车永济电机公司独立研造
4	无源逆变电路	IGBT，被称为中国高铁的"心脏"，它只有指甲盖大小，但却能让高铁列车的能耗降低近三分之一。目前，全球最先进的IGBT生产线仅有两条，其中一条在株洲
5	交流变换电路	广州丰田油电混合动力轿车，在低速时用电，高速时用油，自动切换。当车下坡和刹车时，采用发电制动，将机械能转换为电能并给电瓶充电

（八）课程名称：电路与电工技术

序号	章节/知识点	课程思政切入思路
1	电路的基本概念和基本定律	万丈高楼平地起，强调基础的重要性，培养学生夯实基础的学习习惯，踏实勤奋的工匠精神
2	直流电路的基本分析方法	电路部分较复杂，方法多，需要灵活应用。培养学生积极思考、全面分析问题的习惯
3	电路的暂态分析	要求掌握储能元件的特性，引导学生学习和生活都要抓重点来解决问题

续表

序号	章节/知识点	课程思政切入思路
4	正弦交流电路	本课程的重点和难点是培养学生直面困难，不畏困难，刻苦学习，解决困难的精神
5	三相交流电路和三相电力系统	理论联系实际，引导学生学习知识不能纸上谈兵，需要理论联系实际
6	继电控制电路及逻辑设计	为后续的电工实训和可编程控制器课程夯实基础，引导学生了解知识需要由浅入深地学习，不能好高骛远

（九）课程名称：高级维修电工技术

序号	章节/知识点	课程思政切入思路
1	安全用电常识	党的十九大精神及习近平新时代中国特色社会主义思想
2	基于PLC控制方式的三相异步电动机控制	压力管理与阳光心态
3	基于PLC的自动售货机的设计	大数据时代的思维变革
4	典型机床电器电路的故障与排查	职业规划与人生目标

（十）课程名称：工厂电气控制设备

序号	章节/知识点	课程思政切入思路
1	常用的低压电器	立足基层，实践基层，从构成电动机基本控制线路的基础——低压电器学起
2	基本电气控制线路	立足本质，服务基层，重视基本电气控制线路的分析
3	常用机床的电气控制	立足岗位，服务群众，从典型机床设备的维修做起
4	起重机的电气控制	情系岗位，奉献青春，从起重设备维修到爱岗敬业

（十一）课程名称：工厂配供电技术

序号	章节/知识点	课程思政切入思路
1	电力系统概述	介绍电能在我国国民经济和社会生活中的重要作用，激发学生从业热情
2	电力负荷及其计算	加强职业行为教育，强调降低能耗的重要意义
3	短路电流计算	强化学生对电力安全重要性的认识，增强职业素养
4	供配电系统的主要电气设备	介绍行业内的主要设备生产商，加强职业态度教育，培养爱国情怀
5	变配电所的电气主接线及结构	加强职业创新意识，做到合理布置与选材
6	供配电线路	加强法制教育，严格按照规范进行导线的选择与敷设
7	供配电系统的保护	加强职业规范意识，严格按照规章制度进行操作
8	供配电系统的安全技术	加强职业道德教育，始终把安全放在第一位

（十二）课程名称：工业机器人技术1

序号	章节/知识点	课程思政切入思路
1	工业机器人认知	通过介绍我国还不是工业机器人强国，激起学生的民族责任感和紧迫感，从而激发学生为了国家的自动化事业奋斗的决心
2	工业机器人的机械系统	行业科学家的创业励志故事，建立学生的专业自信，实践创新的工匠精神
3	工业机器人的控制与传感器技术	按照一定的规则，人在社会中，在法治的框架下，可以充实、幸福、自由地生活。
4	工业机器人的手动操作	联系实际，把握大局，从细节做起，成为一名忠诚的、理性的爱国者
5	工业机器人示教编程	机电一体化技术创新，激发学生爱国情怀

续表

序号	章节/知识点	课程思政切入思路
6	工业机器人离线编程	结合课堂作业要求,引导学生凡事讲诚信,作业也是一样,不弄虚作假
7	工业机器人和外围设备的通信	讲述老一辈科学家在艰苦的条件下,不懈努力,提高我国影响力的事迹,鼓励学生掌握科技知识,为科技兴国而奋斗
8	工业机器人的应用	从工业机器人应用延伸到个人情怀,要提高个人素养,不管以后身处何职,都要心怀国家

(十三)课程名称:**工业机器人技术2**

序号	章节/知识点	课程思政切入思路
1	Heat Treatment of Metal	通过介绍我国某些金属材料受外国限制的现状,激起学生的民族责任感和紧迫感,从而激发学生为国家强盛、进步而奋斗的决心
2	Cutting tool	在授课的同时向同学们讲明零件精度的重要性,如果零件精度不高,往往容易变成废品,这样容易造成资源浪费,同时丢弃的废品容易造成环境污染,不利于可持续发展
3	Machining process	按照一定的规则,人生活在社会中,在法治的框架下,可以充实、幸福、自由地生活
4	CNC machining center	联系实际,把握大局,从细节做起,成为一名忠诚的、理性的爱国者
5	Product design	介绍机电一体化技术创新,激发学生爱国情怀
6	Electric technology	结合课堂作业要求,引导学生凡事讲诚信,作业也是一样,不能弄虚作假。诚信 、友善,是社会主义核心价值观
7	CAN/CAM/CAPP/CIMS	讲述老一辈科学家在艰苦的条件下,不懈努力,提高我国影响力的事迹,鼓励学生掌握科技知识,为科技兴国而奋斗
8	Mold design	小组分析案例主题,分析讨论主题的要求。通过小组研讨培养学生互助合作精神、勇于开拓的创新精神

（十四）课程名称：**机电设备营销**

序号	章节/知识点	课程思政切入思路
1	设备管理概述	设备管理关系到资源的合理分配和利用，倡导大家养成合理利用社会资源的习惯
2	设备资产管理	对设备资产进行准确评估，树立物尽其用的价值观
3	设备的使用与维护	爱护设备，按规章进行操作，安全意识要时刻警醒
4	设备润滑管理	把设备当成有生命的个体，它也需要"吃饭""休息"
5	设备状态监测与故障诊断	努力做一名会给设备看病的医生
6	设备的修理	做一个设备修理有规划性、执行力强、能动性高的设备员
7	备件管理	本着为生产保驾护航、节约库存管理开支的原则做好备件管理
8	动力设备与能源管理	节约能源无小事，把能源用到最需要的地方
9	设备的改造与更新	了解国家的产业结构调整政策，积极淘汰产能低、耗能大的设备
10	国际设备管理新模式简介	积极学习国外先进设备管理经验，学会"拿来主义"

（十五）课程名称：**机电一体化概论**

序号	章节/知识点	课程思政切入思路
1	机电一体化技术及系统概略	机电一体化技术发源于外国，讲述机电一体化在中国发展情况及问题，"拿来主义"带来的弊端，明白需要自主创新才能不受制于人
2	机电一体化核心技术1：伺服驱动技术	近20年中国在交流伺服、液压伺服领域取得巨大进展，值得称道，值得自豪
3	机电一体化核心技术2：接口技术	接口技术研发的国企典型人员事迹介绍
4	机电一体化核心技术3：计算机控制技术	计算机芯片品质对一体化系统性能的影响至关重要，中国具自主知识产权的芯片技术近年取得重大进展，与美国逐渐缩小差距，国人引以为豪

（十六）课程名称：机电专业应用

序号	章节/知识点	课程思政切入思路
1	Electronic components 电子元件	中国是世界工厂。深圳 OME 电子代工厂介绍
2	Digital electronics 数字电路	电子芯片的发展。重点了解中国华为海思麒麟系列、台湾联发科芯片以及全球占有率最高的高通芯片
3	Sensor 传感器	手机中的传感器应用
4	Programmable logic controller 可编程逻辑控制器	引入"2025 中国制造"以及目前教育机器人市场、工控技术方面取得的进展
5	Robots 工业机器人	"双十一"期间京东商城仓库 AGV 分拣机器人在物流中的应用

（十七）课程名称：机器人技术

序号	章节/知识点	课程思政切入思路
1	工业机器人概论/工业机器人的发展历程、技术参数和分类	讲解跨学科科学技术发展，激发学生热爱科学、科技强国的情怀
2	工业机器人的机械系统/工业机器人本体的构成及特点	万丈高楼平地起，强调基础的重要性，培养学生夯实基础、踏实勤奋的工匠精神
3	工业机器人的动力系统/工业机器人动力系统的分类及特点	动力系统是工业机器人运动之源，激发学生热爱生活、热爱学习、朝气蓬勃的生命动力
4	工业机器人的感知系统/工业机器人用传感器的分类及应用特点	引导学生多方面获取知识和信息，不要片面和偏激，对事物进行全面认识
5	工业机器人的控制系统/工业机器人控制系统的分类、特点及未来发展	控制系统作为工业机器人的大脑，控制工业机器人的一切活动。培养学生有意识地控制自己的言行，凡事经过思考后得出正确的结论，行正确的事

续表

序号	章节/知识点	课程思政切入思路
6	工业机器人的编程与调试/工业机器人在线编程与调试	实践出真知,通过工业机器人在线编程与调试的实训活动,培养学生实践创新的工匠精神

(十八)课程名称:计算机辅助设计

序号	章节/知识点	课程思政切入思路
1	第1章 初识AUTOCAD2014	培养学生职业理想,树立从业意识,端正从业态度
2	第2章 AutoCAD 2014 绘图基础	介绍在绘图软件方面我国与工业发达国家的差距,激励学生奋发图强,勇于奋斗,敢于挑战新技术
3	第3章 绘制二维图形对象	观看纪录片《大国工匠》,明白对于事业的热爱,需要有全心全意投入的精神,无私奉献的精神
4	第4章 图形编辑	温故知新,培养执着坚持的工匠精神
5	第5章 图案填充与图块	观看纪录片《大国工匠》,引导学生形成追求极致、追求高标准、追求严谨、追求专注的学习与工作作风
6	第6章 图层与查询图形几何信息	介绍中国在大型计算机领域取得的傲人成绩,激发学生的爱国热情
7	第7章 文本标注	介绍"感动中国"人物,培养执着坚持、无私奉献的精神
8	第8章 尺寸标注	观看纪录片《创新中国》,了解中国制造业的发展,学习精益求精、一丝不苟的匠人精神
9	第9章 零件图绘制	介绍中国制造业的发展,培养吃苦耐劳的品德、勇于奉献的精神
10	第10章 装配图的绘制	观看纪录片《超级工程》,了解中国制造的发展和中国人民勤奋、坚韧、勇于尝试、敢于开创的精神

（十九）课程名称：可编程控制器原理与应用

序号	章节/知识点	课程思政切入思路
1	PLC 概述及工业控制网络简介	智能制造技术及网络技术的飞速发展给社会带来巨大变革，激发学生探索新思想新技术，以迎接新的工业时代的到来。建立学生专业自信
2	PLC 工作原理及寻址	培养学生诚心静气、深入思考能力
3	PLC 编程软件的使用	训练学生实践能力并激发其探索新事物的动力
4	PLC 基本指令及使用	锻炼学生自主学习能力，以激发其活到老学到老精神
5	程序设计基本方法	通过对学生逻辑思维能力的大量训练，引导学生确立多方位、多角度看待问题的客观态度
6	S7-300PLC 硬件组态	培养学生严谨细致、实践创新的工匠精神
7	程序设计综合实例及实验	通过对工厂实际应用的模拟，培养学生实践创新的工匠精神，并认识到新一代人的任重道远

（二十）课程名称：模具制造工艺

序号	章节/知识点	课程思政切入思路
1	第1章 模具制造工艺规程	培养学生职业理想，树立从业意识，端正从业态度
2	第2章 模具零件的机械加工	介绍在中国的模具领域里做出贡献的企业和默默奉献的人 在机械加工中，需要有严谨和精益求精的精神
3	第3章 模具数控加工	中国高端数控装备从无到有，从需要大量进口到掌握核心技术，几代人努力奋斗，逐步缩小与工业发达国家的差距并领先
4	第4章 模具零件电火花加工	观看纪录片《大国工匠》，明白对于事业的热爱，需要全心全意投入的精神，无私奉献的精神

续表

序号	章节/知识点	课程思政切入思路
5	第5章 模具的研磨与抛光	观看纪录片《大国工匠》,引导学生形成追求极致、追求高标准、追求严谨、追求专注的学习与工作作风
6	第6章 模具的快速成型及快速制模技术	温故知新。培养执着坚持、敢于挑战的工匠精神
7	第7章 模具制造的测量技术	在测量实践中,形成相互帮助、相互协作、共同进步的团队精神
8	第8章 模具装配工艺	观看纪录片《创新中国》,了解中国制造业的发展,培养精益求精、一丝不苟的匠人精神
9	第9章 模具的热处理及表面强化技术	介绍中国制造业的发展,培养吃苦耐劳的品德、勇于奉献的精神

(二十一)课程名称:模具制造基础

序号	章节/知识点	课程思政切入思路
1	第1章 绪论	培养学生职业理想,树立从业意识,端正从业态度
2	第2章 模具制造工艺过程的编制	介绍在中国的模具领域里做出贡献的企业和默默奉献的人 在模具加工过程中,需要有严谨和精益求精的精神
3	第3章 模具零件机械加工	中国高端数控装备从无到有,从需要大量进口到掌握核心技术,几代人努力奋斗,逐步缩小与工业发达国家的差距并领先
4	第4章 模具的电加工	观看纪录片《大国工匠》,明白对于事业的热爱,需要全心全意投入的精神、无私奉献的精神
5	第5章 模具的研抛	观看纪录片《大国工匠》,引导学生形成追求极致、追求高标准、追求严谨、追求专注的学习与工作作风

（二十二）课程名称：生产计划与控制基础

序号	章节/知识点	课程思政切入思路
1	绪论/生产系统、生产管理与类型，生产过程的组织形式，生产计划与控制的概念	了解生产管理的发展史，培养学生爱岗敬业的情操
2	生产预测/预测的分类，一元线性回归预测，时间序列预测	凡事预则立，不预则废。培养学生的前瞻意识，用科学的方法获得需要的信息的科学精神
3	库存控制/库存控制的相关概念、经济库存控制模型，需求库存控制模型，报童模型	库存控制有均衡生产和增加成本的两面作用，提示学生分析问题的时候注重问题的两面性，掌握全面分析问题的方法，不要片面和偏激，对事物进行全面认识
4	生产计划/生产计划分类和编制方法	培养学生做事情的计划性，有目的有计划地做事情，并且要在可行的条件下进行
5	生产控制/生产控制的概念和方法	培养学生有意识地控制自己言行的品性，凡事经过思考后得出结论，要行正确的事，出现偏差给予纠正
6	项目管理/项目管理和网络图	培养学生的大局观，要从大局出发，以国家和人民的利益为先

（二十三）课程名称：数字电子技术

序号	章节/知识点	课程思政切入思路
1	绪论	了解数字电子技术，掌握科技进步
2	逻辑代数基础	建立学生的专业自信，实践创新的工匠精神
3	集成逻辑门电路	树立学习兴趣，灵活运用所学知识
4	组合逻辑电路	掌握综合知识，学好专业课程，融会贯通
5	集成触发器	熟练掌握触发器相关知识，运用到生活中，增加学习乐趣
6	时序逻辑电路	运用所学知识，解释生活中碰到的问题，学中做，做中学
7	脉冲信号的产生与整形	让所学知识运用于实际，激发学生爱国情怀

（二十四）课程名称：伺服驱动技术

序号	章节/知识点	课程思政切入思路
1	伺服概论	以"伺服"的来由说明近现代中国工业技术的落后，需要奋起直追，激发学生爱国热情
2	交流伺服驱动技术	中国从苏联引入直流伺服，改革开放后从西方、日本引入交流伺服技术，但是自主创新不足，需要在计算机核心技术上有重大突破
3	液压伺服驱动技术	液压伺服技术在国内应用广泛，成效卓著，近年在99主战坦克、歼20隐形战机、大型军舰、高端制造装备等大国重器上得到很好应用，值得国人自豪

（二十五）课程名称：维修电工实训

序号	章节/知识点	课程思政切入思路
1	三相异步交流电动机的自锁控制	党的十九大精神及习近平新时代中国特色社会主义思想
2	三相异步交流电动机的正反转控制	压力管理与阳光心态
3	三相异步交流电动机的Y-Δ降压启动控制	大数据时代的思维变革
4	三相异步交流电动机的反接制动控制	职业规划与人生目标

（二十六）课程名称：现代电气控制及PLC

序号	章节/知识点	课程思政切入思路
1	电气控制技术简介及PLC概述	介绍智能制造技术飞速发展给工业控制及社会带来的巨大变革，激发学生探索新思想新技术的动力，以迎接新的工业时代的到来。建立学生专业自信
2	PLC工作原理及寻址	培养学生诚心静气态度、深入思考能力
3	PLC编程软件的使用	训练学生实践能力并激发其探索新事物的动力
4	电气基本控制电路和PLC基本指令应用	锻炼学生自主学习能力，以激发其树立活到老学到老的人生目标
5	程序设计及综合实例	通过对学生逻辑思考能力的训练，培养学生多方位、多角度看待问题的客观态度；通过对工厂实际应用的模拟，培养学生实践创新的工匠精神，并认识到新一代人的任重道远

（二十七）课程名称：自动化生产线安装及调试实训

序号	章节/知识点	课程思政切入思路
1	供料站的结构与编程	党的十九大精神及习近平新时代中国特色社会主义思想
2	加工站的结构与编程	压力管理与阳光心态
3	装配站的结构与编程	大数据时代的思维变革
4	分拣站的结构与编程	职业规划与人生目标

（二十八）课程名称：自动控制原理及应用

序号	章节/知识点	课程思政切入思路
1	自动控制系统的基本概念	中国自动化技术不仅广泛地应用在工农业生产中，现代控制理论也更多地应用在卫星、航天和军事技术的巨大进步上，智能控制应用在军事上，如歼 20 五代机，国产航母的产出和电磁弹射技术的开发等，设计中的核动力航母和许多无人机控制技术也都将大量应用智能控制技术
2	自动控制系统的数学描述方法	自动控制系统的数学描述方法，已经应用在建桥和我国著名的世界级的建筑和建设中，控制数学在亿亿次超级计算机上得到重用，在量子加密技术和北斗通信系统中更被大量地应用，为我国的科技进步和赶超世界先进水平做出了巨大的贡献
3	控制系统的时域分析	在闻名世界的中国高铁的高速运行中，时域分析和实时控制不可或缺。导弹的命中的误差控制更是达到了世界先进水平，这与我国控制领域的时域分析和实时控制密不可分
4	控制系统的根轨迹分析法	中国的机器人技术和无人机控制技术在利用根轨迹分析和稳定控制上取得一个又一个的理论和技术上的突破，对中国智能技术领先世界贡献突出
5	控制系统的频域分析法	我国的"相控阵雷达"利用频域分析技术创新，在现代舰船和国产战机上应用出色，已达世界先进水平
6	控制系统的校正	长安企业的电动车技术不断发展和进步，利用控制系统的校正技术，产品的升级换代越来越快，带动了我国新技术汽车和机车的现代控制的不断进步

五、汽车工程类课程

（一）课程名称：电气系统和能量/起动系统的诊断与维修(3)

序号	章节/知识点	课程思政切入思路
1	维修基础知识	查阅文献的能力、安全规范、掌握 6S 举例享受国务院津贴的李虎、张传华大师，激励学生产生责任心
2	电工电子技术补充知识	传统文化的保护与传承，激发学生爱国情怀 电的起源见东汉时期《论衡》中对静电的记载，激发学生对中国的文化产生信心
3	制作导线束	通过自己制作计时器，激发学生学习热情
4	发动机无法启动	以国家品牌计划 BYD 新能源汽车（秦、唐、宋、元）和长安新能源汽车（PHEV75、逸动460）为例，讲述电机在车上的应用及原理，让学生产生民族自豪感
5	充电指示灯亮起	举例中国半导体之父黄昆——中国科学院院士，世界著名物理学家、中国固体和半导体物理学奠基人之一，培养学生民族自豪感
6	灯光信号仪表系统	通过讲解灯光改装的规范、法制要求，增强学生的交通法制意识，树立正确的人生观、价值观
7	电动车窗升降器功能失效	通过让部分学生当小老师给其余同学示范操作并讲解，其余同学当学生并找碴看小老师存在问题的活动，让学生相互总结，共同提高
8	汽车总线技术	分组配合，充分认识集体的重要性
9	维修基础知识	查阅文献的能力、安全规范、掌握 6S 举例享受国务院津贴的李虎、张传华大师，激励学生产生责任心

（二）课程名称：车辆 NVH 技术概述

序号	章节/知识点	课程思政切入思路
1	课程概述	介绍我国车辆 NVH 技术发展历程以及追赶国际先进企业的艰辛历程，激发学生爱国情怀和为国奉献精神
2	振动、噪声理论基础	介绍我国科学家在振动、噪声领域取得的辉煌成绩和重大贡献，培养学生求知欲和民族自豪感
3	NVH 试验测试与仿真技术	介绍我国汽车企业试验测试和仿真技术现状以及与国际先进水平的差距，激发学生自强不息的奋斗精神
4	整车及子系统 NVH 技术	结合自主品牌车型与合资品牌和进口车型在 NVH 性能上的差距，激发学生自强不息的奋斗精神

（三）课程名称：传动系统诊断与维修（3）

序号	章节/知识点	课程思政切入思路
1	换挡时产生噪音	变速器节能与环保措施
2	匀速行驶时转速发生波动，同时显示变速箱故障	双离合器自动变速器关键技术及我国情况
3	变速箱失灵并发出隆隆声	有液力变矩器的汽车降低油耗措施
4	换挡困难	挡位与节能降耗的关系
5	变速箱无法换挡	汽车安全
6	方向盘打到底时发出噪音	振动、噪声与环保

（四）课程名称：传感器与检测技术

序号	章节/知识点	课程思政切入思路
1	认识传感器与检测技术	介绍传感器在国民经济和国防安全领域的应用，以及我国传感器方面的国际先进技术，激发学生爱国情怀
2	重量检测	结合"大国工匠精神"，讲解汽车衡的安装调试技术和故障分析及排除技术，培养学生踏实敬业、爱国奉献精神

续表

序号	章节/知识点	课程思政切入思路
3	温度检测	介绍铂热电阻和热敏电阻在工业工程中的应用和技术发展，引导学生关注行业动态和技术革新，培养创新精神
4	压力检测	结合"一带一路"背景，介绍压力检测在石油管道工程中的应用，引导学生投身国家重大战略建设
5	流量检测	以都江堰水利工程宝瓶口水位观测历史遗迹为导入，讲解流量检测技术在我国的悠久历史，培养学生爱国主义精神
6	振动检测	结合振动传感器国产厂商与国际垄断企业竞争故事和发展历程，激发学生爱国情怀和创新创业精神

（五）课程名称：电工电子技术

序号	章节/知识点	课程思政切入思路
1	直流电路	家用电器中的直流电路应用
2	单相交流电路	日常生活中的交流电
3	三相交流电	通过对称三相电路的特点及分析方法的讲解，使学生懂得电也是有规律的，科学合理地用电，电不但不会伤害人，而且可以为人所用，培养学生讲科学的精神
4	磁路与变压器	通过对变压器工作原理的讲解，使学生明白电在输送过程中为什么要经过升压、降压的过程，同时激发学生探索新知识的兴趣，培养科学分析问题的能力
5	电路分析基础	讲对传统文化的保护与传承。电的起源见东汉时期《论衡》中对静电的记载，引导学生产生对中国的文化产生信心从而激发爱国情怀
6	正弦交流电	通过对正弦交流电的基本概念及分析方法（相量法）的讲解，培育学生独立思考问题的能力及文化素养
7	异步电动机及其应用	以国家品牌计划 BYD 新能源汽车（秦、唐、宋、元）和长安新能源汽车（PHEV75、逸动 460）为例，讲述异步电机在车上的应用及原理，让学生对自主品牌的汽车有一定的了解，从而产生民族自豪感

（六）课程名称：工业设计概论

序号	章节/知识点	课程思政切入思路
1	文化/文明/设计	以东西方文化比较作为切入点，讲解中国文化的博大精深，增加同学们对中华文化的认同感及归属感
2	科学与艺术	学生了解并认识我国的文化艺术传承及科学发展的演变脉络，增加学生对我国艺术发展及科学曲折前进道路的了解
3	战后工业设计的发展	介绍第二次世界大战后美国、日本以及意大利等国家的工业设计发展的过程及民族特点情况，让同学们反思我国的工业发展有哪些需要借鉴发达国家的地方，以及对我们民族又有哪些启发
4	信息时代的工业设计	进入信息时代后工业设计发展的方向，让同学们思考在这个信息大爆炸时代我国工业设计应该怎么办并该有什么规划
5	设计观念的系统性	从工业设计哲学引发到哲学含义中的社会科学，让同学了解社会科学是对社会发展的根本规律的总结，包括马克思主义、毛泽东思想、邓小平理论等
6	工业设计人性化原则	从无障碍设计扩展发散到轻轨上的一些人性化设计、政府在发展的细节问题上做的宏观指导
7	环境原则	从设计发展的可持续要求，介绍习近平同志的"绿水青山就是金山银山"的思想
8	工业设计与市场	使学生认识到经济市场只是社会发展的手段，与社会主义形态没有根本的区别
9	环境设计	介绍中国古典园林设计，在中国传统建筑中，古典园林已经成为世界艺术之奇观，人类文明的重要遗产
10	科学技术与设计	介绍我国战斗机歼20、歼10B上最新的科技对战斗机性能的影响
11	视觉传达设计	从长安汽车为例，介绍长安汽车的视觉设计，增加同学们对国家制造的认同

（七）课程名称：互换性与测量技术基础

序号	章节/知识点	课程思政切入思路
1	绪论：互换性的意义/标准化意义	标准化建立发展情况，让学生了解中华人民共和国工业建设成就
2	光滑圆柱体结合的公差	精密的配合要靠严谨的工作、高度的职业素养才能达成
3	测量技术基础	好的计量器具的出现和发展，需要认真严谨和勇于创新的工匠精神
4	几何公差及检测	几何公差的检测需要认真仔细、一丝不苟的工作态度
5	表面粗糙度	零件表面粗糙就不能和其他部分正常配合，很快磨损。人在学习工作中必须学会交流配合，要有良好的团队合作精神
6	光滑工件尺寸的检测	工件需要检测，学生走向社会也要接受社会的建议，要有良好素质、友善的心才能被认可接纳
7	尺寸链	尺寸相连组成尺寸链解决问题，大家同心协力才能做好事情

（八）课程名称：机械制图

序号	章节/知识点	课程思政切入思路
1	制图基本知识与技能	工程图样是现代工业生产中的重要技术资料，也是工程界交流信息的共同语言，具有严格的规范性，培养学生遵守行业国家标准《技术制图》和《机械制图》中的有关规定
2	正投影法基本原理	正投影法是学习机械制图课程的理论基础，培养学生形象的思维能力

续表

序号	章节/知识点	课程思政切入思路
3	立体及表面交线	任何物体都可以看成由若干基本体组合而成的，通过立体结构及表面交线的分析，培养学生空间想象的能力
4	轴测图	学习轴测图画法可以发展空间构思能力，通过画轴测图可以帮助学生想象物体的形状，培养空间想象力
5	组合体	通过组合体的学习可以培养学生多元、全面的学习思维及空间想象力
6	机件的基本表示法	根据机件不同结构的特点，从中选取适当的方法，以便完整、清晰、简便地表达各种机件的内外形状。
7	标准件及标准结构要素的规定表示法	对结构、尺寸、技术要求及画法和标记均已标准化的零件可按国家标准规定的特殊表示法简化，培养学生的人文素养与科学精神
8	机械图样中的技术要求	机械图样中的技术要求主要指零件几何精度方面的要求，培养学生对机械零部件加工精度的认识
9	零件图与装配图的绘制与识读	通过对零件图和装配图的绘制与识读的讲解，培养学生独立思考问题的能力
10	零部件测绘	以转子油泵为例，说明测绘零部件的顺序和方法，培养学生缜密的逻辑思维

（九）课程名称：汽车电工电子

序号	章节/知识点	课程思政切入思路
1	电路分析基础	传统文化的保护与传承，激发学生爱国情怀
2	正弦交流电	有关电的起源来自东汉时期《论衡》中对静电的记载，激发学生对中国的文化的信心

- 150 -

续表

序号	章节/知识点		课程思政切入思路
3	三相交流电		举例汽车发电机，说明三相交流电的链接方式在汽车上的应用，增加学生学习兴趣，激发学生热爱本专业的情怀
4	磁路及变压器		举例享受国务院津贴的李虎、张传华大师的事迹，延伸到工匠精神。让汽车制造班的学生产生责任心并怀抱匠心，练就精湛技艺，对工作保持敬畏专注、精益求精的态度
5	异步电动机及其应用	异步电动机的基本知识	以国家品牌计划BYD新能源汽车（秦、唐、宋、元）和长安新能源汽车（PHEV75、逸动460）为例，讲述异步电机在汽车上的应用及原理，让学生产生民族自豪感
		三相异步电动机的控制	由于电机相对发动机声音较弱，提醒学生在走路时注意安全。不要走路看手机或者是打电话，增加不安全因素
6	半导体机器常用器件	半导体的基本知识	举例中国半导体之父黄昆——中国科学院院士、世界著名物理学家、中国固体和半导体物理学奠基人之一，通过举例，增强学生民族自豪感
		晶闸管	利用新能源电机为学生演示晶闸管的应用，增加学生学习兴趣和自信心
7	基本放大电路		举例说明基本放大电路在汽车上的应用，增加学生学习兴趣，激发学生热爱本专业的情怀
8	集成运算放大器		通过讲解集成运算放大器的应用，增强学生法制意识，树立正确的人生观、价值观
9	组合逻辑电路		举例中美贸易战，指出核心技术是国之重器，由此引出数字电路之门电路，激发学生为实现中国梦增加青春能量
			介绍常用的组合逻辑电路器件，增加学生学习兴趣和自信心
10	触发器和时序逻辑电路		通过老师指导，自己制作0~99计时器，提高学生学习热情，激发学生学习兴趣

（十）课程名称：汽车电子控制基础

序号	章节/知识点	课程思政切入思路
1	汽车电子控制系统认知	讲述我国汽车电子技术的发展与强大，激发学生爱国情怀
2	汽车常用传感器	交通安全问题引导，提醒学生遵纪守法； 环保问题引导，提示应减少污染
3	汽车微型计算机控制单元	应用实例，体现自豪感； 小组合作，帮助学生学会做人、做事
4	汽车执行器单元	强调行业内的正确操作规范，培养良好的职业道德
5	技能实训	列举汽车行业的典型人物（不怕吃苦，精益求精），建立学生的专业自信，实践创新的工匠精神

（十一）课程名称：发电机电控技术

序号	章节/知识点	课程思政切入思路
1	发动机电控燃油喷射系统认识与检修	电喷技术发展到缸内直喷技术，人类任何一个技术成果，都是在前人的基础上取得的
2	发动机电控点火系统认识与检修	讲解对发动机点火的精确控制实属技术，帮助建立学生专业自信，引导学生学好专业知识，掌握专业本领
3	发动机怠速控制系统认识与检修	让学生知道，综合国力的提升离不开新技术的支撑，学生们将是推广应用新技术的主力军
4	发动机进气控制系统认识与检修	讲进气系统的各种新控制技术，鼓励学生勇于创新实践
5	发动机排放控制系统认识与检修	让学生认识到尾气排放对环境和人体健康的危害，进行环保意识教育
6	发动机巡航控制和电控节气门系统认识与检修	让学生分析电控节气门和机械节气门的不同，了解定速巡航怎么实现，培养学生的独立思考能力
7	发动机自诊断、失效保护和应急备用系统认识与检修	此章节内容均与安全有关，引导学生自身加强安全意识 开展产品都是育人为本的友善教育

（十二）课程名称：汽车构造（发动机）

序号	章节/知识点	课程思政切入思路
1	发动机总论	我国汽车工业起步较晚，使得学生对国产汽车品牌缺乏信心，盲目崇拜国外高端品牌。通过分析当前国产汽车工业发展现状，以增强学生信心为核心开展爱国主义教育，激发学生爱国情怀
2	曲柄连杆机构	发动机大修时有维修人员认为螺栓拆装不到位对整体结构不会有影响，为省事不按照操作规范开展作业。通过展示各种因不规范作业而造成严重后果的图片或视频，加强6S规范教育，强调职业规范和素养的重要性，培养学生职业道德，提升素养

续表

序号	章节/知识点	课程思政切入思路
3	配气机构	通过小组练习过程中所记录和拍摄的照片、视频等正反面对比素材，在提出专业规范问题同时，分析差异产生的原因，引出团队合作的重要性和意义，增强学生团队合作意识
4	汽油机供给系	通过展示某车因油箱问题（大量油泥）造成车辆故障的案例，说明现在部分加油站存在燃油质量差、为牟取利润人为添加一些物质到汽油中的现象，引出社会诚信和产品质量问题，教育和引导学生意识到诚信品质的重要意义
5	发动机进、排气系统	引入2015年大众汽车"排放门"事件。"排放门"事件不仅对大众品牌造成无法挽回的伤害，甚至导致全世界都开始对"德国制造"产生怀疑。这些诚信反面案例的引入可以对学生起到极大的警示作用
6	柴油机发动机	近年来我国新材料新能源技术发展催生了汽车动力技术的大力发展，这很大程度上得力于广大技术科研人员多年的精力投入。列举汽车工业历史上的代表人物卡尔·本茨、费尔南德·保时捷等，由于他们的专注、坚持和热爱，才有汽车工业今日的发展，以此引出以提升专注度为核心开展敬业教育
7	冷却和润滑系统	对于汽车维修工来说，车辆冷却与润滑系统做得最多的是日常保养维护作业，这些工作虽然基础，也体现不出很大的技术含量，但脚踏实地，从最基础最基本的工作开始做起，是每一位技术技能大师成长的必经之路。建立学生的专业自信心，认识到细微工作成就大国工匠

（十三）课程名称：汽车构造 1

序号	章节/知识点	课程思政切入思路
1	汽车总体构造	在汽车构造课程的教学过程中，通过介绍在汽车发展史上做出巨大贡献的名人专注汽车研究与制造的故事对学生开展敬业教育
2	曲柄连杆机构	曲柄连杆机构为人类产生机械动力，对人类贡献巨大
3	配气机构	介绍配气机构原理，专业课教学过程中同步向学生开展社会主义核心价值观教育
4	汽车的诞生	介绍汽车发动机从单缸发展到现在最多十六缸发动机的历史。介绍单缸发动机时，引入汽车发明人卡尔·本茨在研制单缸汽油发动机时变卖妻子的嫁妆和首饰投入发动机研究与制造的经历，引导学生学习他以高度的专注和不懈的努力打造奔驰品牌的敬业精神
5	汽车外形发展经历	汽车外形发展经历了马车形汽车、箱形汽车、甲壳虫形汽车、船形汽车、鱼形汽车和楔形汽车等阶段，从而引入设计出风靡世界 30 多年的甲壳虫汽车的费尔南德·保时捷案例
6	民族汽车	让学生特别注意网站对优秀自主品牌汽车的评分，让他们了解同价位自主品牌汽车与国外品牌汽车评分逐渐接近甚至超越的事实，增强他们对我国自主汽车品牌和汽车工业的信心，进而升华为对国家和民族的认同感
7	车身结构	因在初期的中国新车评价规程中未设置追尾碰撞项目，包括大众、福特、日产品牌在内的低端汽车车型不顾消费者人身安全，对后防撞钢梁进行简配，被媒体曝光后极大地影响了消费者对这些品牌的信任度。教育学生诚信是职业道德最基本的要求，也是汽车类人才培养过程中最重要的道德元素之一
8	汽车尾气	在学习废气再循环系统时，先让学生查找汽车尾气对环境和人体健康危害的资料，然后让他们了解某些极度自私的车主为了追求车辆动力性能故意堵住废气再循环阀的现象，引导学生远离这些危害环境的行为，培养学生的环保理念

（十四）课程名称：汽车构造 2

序号	章节/知识点	课程思政切入思路
1	发动机总论	通过讲解汽车发动机的发展史，使学生了解科学的发展历程，增加学生的科学探索的精神
2	曲柄连杆机构认识及拆装	通过讲解尾气排放的净化，使学生了解大气污染的危害，增强学生环境保护意识
3	配气机构认识及拆装	通过讲解行业科学家、企业家的创业励志故事，培养学生的实践创新的工匠精神
4	燃油供给系统原理、结构认识	通过讲解国产车的种类和特点，增强学生对国产自主品牌的认识，增强民族自信心和自豪感
5	进气与排气系统原理、结构认识	通过讲解历史人物和当今世界的顶尖科技人物的故事，增加学生的科学意识
6	冷却系统原理、结构认识	通过讲解中美贸易战和中国一系列措施，增强学生对当前形势的认识，对党中央进一步改革开放的决心的理解
7	润滑系统原理、结构认识	通过讲解重庆万州公交车交通事故，增强学生的安全行驶意识

（十五）课程名称：汽车理论

序号	章节/知识点		课程思政切入思路
1	汽车的动力性		通过对长安汽车、长城汽车、吉利汽车、比亚迪汽车等自主品牌的介绍，激发学生爱国情怀，其中比亚迪新能源汽车宋 DM 百公里加速时间 4.98 秒更是国人的骄傲。其实国产汽车动力足、价位低，提倡使用国产汽车
2	汽车的燃油经济性	传统汽车	国产传统汽车近年来发展突飞猛进，技术更新快，性价比高，其中长城汽车哈弗 H6 更是连续 58 个月蝉联 SUV 销量冠军，让学生感受到国产车的崛起
		新能源汽车	混合动力汽车,新能源汽车是未来的发展趋势，以国家品牌计划 BYD 新能源汽车（秦、唐、宋、元）和长安新能源汽车（PHEV75、逸动 460）为例，讲述电动车的优势，让学生产生民族自豪感

续表

序号	章节/知识点	课程思政切入思路
3	汽车动力装置参数选定	通过对发动机功率的选择及变速器最小、最大传动比的选择的讲解，培养学生科学严谨的学习态度
4	汽车的制动性	交通事故猛于虎。举例制动失效带来的危害，让汽车专业的学生对汽车维护与保养产生强烈的责任心和社会责任感，珍爱生命
5	汽车操纵稳定性	以重庆万州交通事故为例，告诫学生驾驶时要调整好自己的情绪，切忌带情绪驾驶，禁止开车时打闹。不正确的驾驶，最终以15人付出生命为代价，给我们世人巨大的震惊。让学生养成良好的驾驶习惯
6	汽车的平顺性	通过"人体-座椅"系统震动分析，激发学生学习热情
7	汽车的通过性	通过讲解汽车穿越川藏线的经历，讲解车辆陷入泥潭时得到藏民的帮助，同时汽车也会搭载路人，增强学生社会责任意识，树立正确的人生观，价值观
8	汽车试验	通过讲解汽车试验对汽车研发的贡献，使学生对汽车试验产生浓厚的兴趣

（十六）课程名称：汽车设计

序号	章节/知识点	课程思政切入思路
1	汽车总体设计	中国汽车发展艰辛历程，激发学生民族自豪感
2	离合器设计	技术是不断发展的过程，国家各项建设也是不断完善的过程，激发学生对我们国家实力不断发展壮大的自豪感
3	无级变速器	结合中国传统优秀工艺，引导学生弘扬我国传统文化
4	万向节	通过民间企业家鲁冠球和万向集团的事例激励学生艰苦奋斗
5	轮边减速器	联系我国古代四大发明，加深学生对我国优秀传统文化的认识
6	汽车悬架	以长安这种大型汽车国企为例，教育学生要增强社会责任感
7	转向系设计	结合实事热点，帮助学生建立正确价值观
8	制动器设计	介绍我国制造原子弹的艰辛历程，说明国家强大需要一代代人不懈努力，激发学生爱国情怀

（十七）课程名称：汽车整车装配与调试

序号	章节/知识点	课程思政切入思路
1	安全生产	结合我国古代流传下来的精美工艺品案例，鼓励学生继承民族优良传统，做具有工匠精神的新时代青年
2	装调基本技能	联系中国优秀的传统工艺，树立学生技术立身的意识
3	内饰线装配	结合故宫、长城等名胜古迹中的精妙布局，让学生认识传统文化的瑰宝，弘扬中国传统文化
4	底盘线装配	通过知名企业家李书福事例激发学生不怕吃苦的精神
5	总装线装配	联系我国汽车发展历史，激发学生的民族荣誉感，增强奉献意识
6	调试返修	结合名人事例，讲述精益求精的重要性

（十八）课程名称：汽车装配与调试

序号	章节/知识点	课程思政切入思路
1	班组生产及管理	在学习日本"丰田生产方式"过程中，讲解日本工业发展过程及民族特点，使同学们认识并反思日本工业发展对我国的启发
2	工具使用	介绍工具特点及使用注意事项，让同学了解工具世界比较著名的工具品牌，了解十大品牌中无中国品牌的问题，让同学们反思
3	汽车装配线介绍	让同学们了解汽车装配线的发展及起源，了解美国汽车工业发展道路，对我国的发展有启发
4	车门总成分装	介绍车门分装过程，让同学了解我国汽车车门设计安装大致状况，对比国外发达国家汽车车门安装过程的情况做反思
5	仪表台总成分装	介绍仪表台总成分装过程、我国仪表内饰企业发展情况。目前我国的仪表内饰大多还来自国外品牌，让同学认识我国的汽车工业现状与前景

续表

序号	章节/知识点	课程思政切入思路
6	车轮的总成及分装	介绍轮胎的起源及发展过程,让同学们学习法国米其林轮胎公司的创新精神,并反思学习
7	制动器与消声器的总成	消声器的作用与我国的环境政策相联系,增加同学们对环境保护的意识
8	四轮定位参数	为同学们讲解四轮定位的参数变化对整体的影响,让同学们认识到细节会影响整体,增强同学们的工匠精神意识
9	自动变速器总成	变速器的生产基本被国外巨头所垄断,向同学们介绍我国的变速器发展历程,以及为什么变速器发展进步困难,增加同学们对国家工业发展的使命感
10	驱动桥总成	为同学介绍驱动桥总成对工艺要求的精细,增强同学们的工匠精神意识
11	减震器与散热器	通过讲解减震器的发展历程,介绍技术发展对市场、国防的影响,对最新的歼20、歼10的影响

(十九)课程名称:驱动电机及控制技术

序号	章节/知识点	课程思政切入思路
1	绪论	讲中国新能源汽车电动机的发展状况,激发学生爱岗、爱国情怀
2	直流电动机	讲直流电动机的原理,激发学生思考
3	异步交流电动机	介绍特斯拉异步交流电动机,激发学生的学习兴趣
4	永磁同步电动机	讲中国电动汽车主流的发展方向,激发学生爱国热情
5	开关磁组电动机	讲未来电机的发展方向,激发学生思考能力并提升实践能力
6	电动汽车动力系统及故障	用技术的力量唤醒学生的工匠精神

（二十）课程名称：新能源汽车技术

序号	章节/知识点	课程思政切入思路
1	新能源汽车概论	介绍新能源汽车发展历史，建立学生对自主汽车品牌的信心，杜绝崇拜国外高端品牌，开展爱国主义教育，激发学生爱国情怀
2	动力电池系统结构及其工作原理	对安全操作规范进行严格要求，通过展示各种因不规范作业而造成严重后果的图片或视频，加强6S规范教育，强调职业规范和素养的重要性，培养学生职业道德和素养
3	驱动电机系统结构及其工作原理	介绍各种电机的结构及工作原理，进行小组练习，激发学生思考。通过小组练习过程中所记录和拍摄的照片、视频等正反面对比，在提出专业规范问题同时，分析差异产生的原因，引出团队合作的重要性和意义，增强学生团队合作意识
4	纯电动汽车结构及其工作原理	引入最新款国产自主品牌纯电动汽车案例，教育和引导学生建立自主品牌意识，理解诚信的重要意义和品牌的价值
5	混合动力电动汽车结构及其工作原理	引入最新款国产自主品牌纯电动汽车案例，引入反面案例，对学生起到极大的警示作用
6	其他新能源汽车介绍	介绍新能源汽车的发展方向，激发学生思考及实践能力。近年来我国新材料新能源技术发展催生了汽车动力技术的大力发展，这很大程度上得力于广大技术科研人员多年的精力投入。列举汽车工业历史上的代表人物卡尔·本茨、费尔南德·保时捷等，由于他们的专注、坚持和热爱，才有汽车的发展，以此引出以提升专注度为核心的敬业教育

（二十一）课程名称：新能源汽车装配与调试

序号	章节/知识点	课程思政切入思路
1	新能源汽车装配线理论基础知识	新能源汽车弯道超车，激发学生努力、上进的爱国情怀

续表

序号	章节/知识点	课程思政切入思路
2	新能源汽车分装线装配	通过行业校友事迹介绍,建立学生的专业自信,实践创新的工匠精神
3	新能源汽车总装线装配	总装线严谨的质量管理,团队协作的合作精神
4	新能源汽车调试返修	过硬的技术是产品的质量保证,每一辆车都关系企业和人的生命

(二十二)课程名称:职业素养与企业文化

序号	章节/知识点	课程思政切入思路
1	职业理想与职业生涯规划	培养学生独立思考的能力,确立奋斗目标,在规划职业生涯时树立正确的人生观、价值观、世界观
2	职业道德	提高学生道德素养,引导学生明白学好知识以及工作好的前提,乃是学会如何做人
3	企业文化	培养学生的文化素养
4	职场礼仪与沟通	引导学生在今后的职场中学会各种礼仪——中国是礼仪之邦

参考文献

[1] 张爱娟, 冯锐, 焦万丽, 乐红志. "材料工程基础"课程思政探索[J]. 山东化工, 2018, 47(18): 127-129.

[2] 李世红. "电路分析基础"教学"课程思政"刍议[J]. 才智, 2018(10): 113.

[3] 李凤艳, 王建坤. "纺纱原理"课程中思政教育实施方式研究[J]. 科教导刊(上旬刊), 2018(08): 93-94.

[4] 赵常兴, 田志伟, 何婉依. "互联网+高校思政课教学"的探索与思考[J]. 西安航空学院学报, 2018, 36(02): 90-93.

[5] 郑毅龙. "互联网+思政课程"模式建构的理论研究[J]. 中国战略新兴产业, 2018(40): 234.

[6] 江先锋. "课程思政"背景下高校教师人文阅读的缺失现状与复位路径——基于上海7所高校的实证研究[J]. 渭南师范学院学报, 2017, 32(10): 9-14.

[7] 徐立新. "课程思政"的教师实践理念与策略[J]. 教育现代化, 2018, 5(15): 311-314.

[8] 徐敏华. "课程思政"理念下研究生实验室安全教育路径探析[J]. 黑龙江教育学院学报, 2018, 37(9): 45-47.

[9] 王禾玲. "课程思政"融入专业课教学的探索[J]. 现代企业, 2018(09): 112-113.

[10] 王立新, 王英兰. "课程思政"视角下高职会计专业课教学改革探讨[J]. 浙江工贸职业技术学院学报, 2018, 18(2): 21-24.

[11] 张强, 陈逸超. "课程思政"视域下专业课教师与思政工作者协同育人机制研究——以大学生创新能力培养为例[J]. 教育现代化, 2018, 5(35): 15-16.

[12] 宋立峰. "课程思政"视阈下高职学生职业精神培育路径研究[J]. 济南职业学院学报, 2018(4): 73-76.

[13] 曹净植, 李宝琴. "课程思政"在"财务管理"课程的实践探索[J]. 科技风, 2018(29): 9.

[14] 陈阳建, 李凤燕, 张立飞, 罗方. "课程思政"在生物化学教学中的探索实践[J]. 管理观察, 2018(26): 126-127.

[15] 宋秋红, 李庆军, 沈洁. "汽车概论"课程融合思政内容教学研究实践[J]. 科教导刊(上旬刊), 2018(2): 125-126, 128.

[16] 张正光. "思政课程"与"课程思政"同向同行的逻辑理路[J]. 思想政治课研究, 2018(4): 16-19, 5.

[17] 施国强, 王娜, 吴蓉娟, 陈文渊, 彭高翔, 赫爽, 魏以立. 爱恩学院在专业课中融入思政教育的探索与实践[J]. 教育教学论坛, 2018(28): 143-144.

[18] 张祖明, 张旗. 把握立德树人工作目标 做好溯源红色"课程思政"——北京联合大学艺术学院"课程思政"的探索与实践[J]. 北京教育(德育), 2017(12): 54-57.

[19] 王雁鸣. 本科安全专业"课程思政"教育资源与教学模式设计[J]. 教育教学论坛, 2018(31): 175-176.

[20] 赵艾凤. 财政学课程思政改革的路径分析[J]. 西部素质教育, 2018, 4(19): 61.

[21] 刘学思. 从"思政课程"到"课程思政"——高职院校思想政治理论教育创新研究[J]. 经贸实践, 2018(20): 296-297.

[22] 杨涵. 从"思政课程"到"课程思政"——论上海高校思想政治理论课改革的切入点[J]. 扬州大学学报(高教研究版), 2018, 22(2): 98-104.

[23] 陈立婧, 刘至治, 陈桃英, 姜佳枚, 王军, 唐文乔. 从课堂教学渠道融入"课程思政"教育理念——以"普通动物学"为例[J]. 教育教学论坛, 2018(29): 203-204.

[24] 姜有, 滑怀田. 大思政背景下的"井巷工程"课程教学改革与实践[J]. 内蒙古教育, 2018(16): 18-20.

[25] 吴冬平, 徐哲民. 大思政理念下专业课课程思政改革研究[J]. 科技视界, 2018(8): 107-108.

[26] 李艳玲, 史文芬. 大学生心理健康教育课程开展课程思政教育的探索与实践[J]. 黑河学刊, 2018(5): 144-145.

[27] 于霄. 大学英语课程思政建设研究——以长春中医药大学为例[J]. 现代交际, 2018(16): 189-190.

[28] 冯跃飞. 独立学院思政课程调研分析及对策探究[J]. 教育教学论坛, 2016(1): 42-43.

[29] 田雨波, 李锋. 对工科课程中思想教育的思考与探索——以"电磁场理论"课程为例[J]. 中国电子教育, 2018(3): 10-14.

[30] 吴文明. 多元文化背景下高校思政课程教改探讨[J]. 辽宁广播电视大学学报, 2016(4): 75-76.

[31] 吴涛. 发挥专业特色, 实施"课程思政"[J]. 电脑知识与技术, 2017, 13(28): 143-144.

[32] 李雪萍, 马发亮. 高校"课程思政"体系构建问题及对策探析[J]. 内蒙古电大学刊, 2018(4): 73-75.

[33] 宁喜斌, 晨凡. 高校"食品安全学"课程思政教育的设计与实践[J]. 安徽农学通报, 2017, 23(17): 153-154.

[34] 郝红梅. 高校课程思政改革的实现路径分析[J]. 新课程研究(中旬刊), 2018(8): 10-12, 16.

[35] 刘承功. 高校深入推进"课程思政"的若干思考[J]. 思想理论教育, 2018(6): 62-67.

[36] 朱漪. 高校实施"课程思政"若干问题的思考[J]. 牡丹江教育学院学报, 2018(2): 38-40, 63.

[37] 李强华. 高校专业课程思政的教学改革探讨——以"公共伦理学"课程为例[J]. 宁波教育学院学报, 2018, 20(5): 51-54.

[38] 金丽霞, 朱金玲. 高校专业课程思政化的路径研究——以浙江中医药大学卫生检验与检疫专业为例[J]. 教书育人(高教论坛), 2018(24): 60-61.

[39] 王涵. 高校专业课程思政教学改革与反思[J]. 管理观察, 2017(30): 138-140, 143.

[40] 柳逸青, 王鑫, 刘晓, 郑芬. 高校专业课程中融入思想政治教育的难点剖析与路径探索[J]. 高教学刊, 2018(6): 141-143, 146.

[41] 杨晶晶. 高校专业课教学的"课程思政"建设——以公共关系学课程为例[J]. 视听, 2018(3): 234-235.

[42] 栾谨崇, 于学花. 高校专业课与思政课协同育人平台的思考[J]. 文教资料, 2018(25): 173-175.

[43] 周建良. 高职"电子商务基础"课程思政教育的设计与实践[J]. 电子商务, 2018(5): 76-77.

[44] 鞠晓红, 张晓宇. 高职"护理学基础"课程思政教改方法初探[J]. 科教文汇(中旬刊), 2018(3): 93-94.

[45] 周一峰. 高职护理专业课程思政教育路径探讨——以急救护理与技术为例[J]. 卫生职业教育, 2017, 35(23): 61-62.

[46] 牛浩昌, 王聪. 高职课程思政特色教学改革初探——以应用文写作为例[J]. 科学咨询(科技·管理), 2018(3): 117-118.

[47] 曾好平. 高职汽车构造课程思想政治教育探索[J]. 职业, 2018(23): 30-31.

[48] 倪成伟, 吴庆念. 高职思想政治教育的回归: 从"思政课程"到"课程思政"——以"经济管理基础"课程为例[J]. 职教通讯, 2017(36): 17-21.

[49] 王丽霞. 高职思政课和各类课程协同机制的构建研究[J]. 机械职业教育, 2018(3): 26-28.

[50] 刘颖. 高职院校会计思政课程建设研究[J]. 南方农机, 2018, 49(16): 226.

[51] 张淼. 高职院校建设"课程思政"之路径剖析[J]. 教育教学论坛, 2018(37): 253-254.

[52] 姚飞鸣. 高职院校思政课实践教学的可行性研究[J]. 农家参谋, 2018(15): 179.

[53] 陈凤, 单婷. 高职院校学生思政教育"五全"育人模式的构建[J]. 高等职业教育(天津职业大学学报), 2018, 27(2): 73-76.

[54] 卜兆, 于丽艳. 高职院校专业课程实施"课程思政"的路径方法探析——以"酒店前厅管理"课程思政改革为例[J]. 教育现代化, 2018, 5(39): 88-89, 92.

[55] 石利琴. 高职院校专业课程思政德智融合路径探究[J]. 改革与开放, 2018(17): 138-140.

[56] 滕跃民, 张玉华, 肖纲领. 高职专业"课程思政"的"道法术器"改

革[J]. 辽宁高职学报, 2018, 20(8): 53-55, 61.

[57] 周基, 田琼, 盛明强. 工程管理概论"课程思政"教学改革与实践探索[J]. 教育观察, 2018, 7(17): 101-103.

[58] 刘宇利. 工科专业课堂从教学中融入"课程思政"理念——以《工程地质与土力学》为例[J]. 中小企业管理与科技(中旬刊), 2018(10): 94-95.

[59] 李骏, 党波涛. 公共艺术课程融入高校"大思政"教育创新体系研究[J]. 中国高等教育, 2018(1): 30-32.

[60] 庄梅兰. 构建同心圆式高校课程思政教学体系[J]. 河南工业大学学报(社会科学版), 2018, 14(4): 85-91.

[61] 石丽艳. 关于构建高校课程思政协同育人机制的思考[J]. 学校党建与思想教育, 2018(10): 41-43.

[62] 梁暹. 关于课程思政的几点思考[J]. 教育教学论坛, 2018(30): 42-43.

[63] 彭自然, 李娟英, 邵留, 凌云, 沈路遥. 环境评价课程思政教学探索[J]. 教育教学论坛, 2018(33): 248-249.

[64] 方忠良. 会计专业的课程思政教育探讨[J]. 西部素质教育, 2018, 4(18): 47-48.

[65] 周元凯, 左雪, 樊玉杰. 机械设计课程思政教学途径探讨[J]. 科教文汇(下旬刊), 2018(10): 56-58.

[66] 张平平. 基于"工匠精神"培养的高职院校思政课程教学探究[J]. 西部素质教育, 2018, 4(14): 50.

[67] 周慧艳, 陈珺, 高致宇. 基于"课程思政"的专业课程话语体系创新研究[J]. 产业与科技论坛, 2018, 17(13): 163-164.

[68] 胡苗忠. 基于"一个引领、一条主线、三个平台"的课程思政框架体系研究与实践——以浙江农业商贸职业学院高职会计专业为例[J]. 商业会计, 2018(14): 127-129.

[69] 程少云. 基于SPOC的"课程思政"特色的大学英语实证教学[J]. 读与写(教育教学刊), 2018, 15(5): 12, 22.

[70] 杨延琼. 基于高职医学院校专业建设的思政课程教学探索[J]. 现代经济信息, 2017(20): 420.

[71] 咸菁, 宋宝剑, 何东伟. 基于课程思政的二手车鉴定与评估课程设计

[J]. 科技经济导刊, 2018, 26(4): 143, 142.

[72] 张超, 郑成华. 基于课程思政理念的高校思想政治教育再思考[J]. 西部素质教育, 2018, 4(18): 28-29.

[73] 丁勇, 方中坚, 姚虹. 基于课程思政视角下的药学伦理学课程建设[J]. 卫生职业教育, 2018, 36(19): 40-41.

[74] 杨玲, 陈莉, 王勇波, 刘雯, 左伋. 基于遗传学家故事的医学遗传学"课程思政"的设置与实践[J]. 中国优生与遗传杂志, 2018, 26(09): 127-128.

[75] 刘升长, 翁美芝, 舒青龙, 汤运, 刘帅. 加强基础医学课程思政教学, 促进医学人才培养——以医学基础课程生物化学教学为例[J]. 课程教育研究, 2018(37): 133-134.

[76] 王栋, 张新娜, 唐建祥, 陆萍蓝, 邵铁锋. 将思政教育融入工程综合实践课程的教学方法探索[J]. 科教导刊(中旬刊), 2018(4): 98-99.

[77] 聂迎娉, 傅安洲. 课程思政: 大学通识教育改革新视角[J]. 大学教育科学, 2018(05): 38-43.

[78] 陈道武. 课程思政: 高校全程全方位育人的有效途径[J]. 齐齐哈尔大学学报(哲学社会科学版), 2017(12): 164-166.

[79] 田鸿芬, 付洪. 课程思政: 高校专业课教学融入思想政治教育的实践路径[J]. 未来与发展, 2018, 42(04): 99-103.

[80] 金图南, 刘亮. 课程思政初探——以"水产品加工技术"课程为例[J]. 农产品加工, 2018(20): 99-100.

[81] 谭晓爽. 课程思政的价值内涵与实践路径探析[J]. 思想政治工作研究, 2018(04): 44-45.

[82] 李国娟. 课程思政建设必须牢牢把握五个关键环节[J]. 中国高等教育, 2017(Z3): 28-29.

[83] 高燕. 课程思政建设的关键问题与解决路径[J]. 中国高等教育, 2017(Z3): 11-14.

[84] 郑铭. 课程思政理念下思想政治教育与艺术教育融合的几点思考[J]. 湖北经济学院学报(人文社会科学版), 2018, 15(7): 146-148, 154.

[85] 刘磊. 课程思政实现路径的探索[J]. 广西教育学院学报, 2018(4): 110-112.

[86] 顾恩平. 课程思政视野下的高职生工匠精神培养策略[J]. 岳阳职业技术学院学报, 2018, 33(2): 27-30.

[87] 傅徐翼. 课程思政视域下的高职立体化育人之路探析[J]. 科技资讯, 2017, 15(34): 209-210.

[88] 陆道坤. 课程思政推行中若干核心问题及解决思路——基于专业课程思政的探讨[J]. 思想理论教育, 2018(3): 64-69.

[89] 邵广, 铁振. 课程思政与高校教师队伍建设[J]. 航海教育研究, 2018, 35(2): 109-112.

[90] 巩娜. 课程思政在大学教育当中的应用——以上海市高校为例[J]. 大学教育, 2018(10): 157-159.

[91] 蓝花红, 张捷, 陈炜, 曹雪楠, 陈伟光. 老年护理专业课程思政教学方式及效果浅析[J]. 卫生职业教育, 2018, 36(13): 99-100.

[92] 初文华, 张健, 李玉伟. 理工科专业基础课程中的思政教育探索——以"水力学与泵"课程为例[J]. 教育教学论坛, 2018(30): 32-33.

[93] 匡江红, 张云, 顾莹. 理工类专业课程开展课程思政教育的探索与实践[J]. 管理观察, 2018(01): 119-122.

[94] 袁颖, 朱国福, 杨柏灿, 王海颖, 潘颖宜, 何世民, 张贵彪, 王又闻, 金素安. 立足文化内涵 实施课程育人——中药学教学中课程思政的探索[J]. 中医教育, 2018, 37(4): 27-30.

[95] 周怡, 应振华, 金丽琴, 王莹. 临床后期教学课程的思政教育探索[J]. 现代医院, 2018, 18(4): 494-497.

[96] 王海威, 王伯承. 论高校课程思政的核心要义与实践路径[J]. 学校党建与思想教育, 2018(14): 32-34.

[97] 邱伟光. 论课程思政的内在规定与实施重点[J]. 思想理论教育, 2018(8): 62-65.

[98] 史巍. 论以"课程思政"实现协同育人的关键点位及有效落实[J]. 学术论坛, 2018, 41(4): 168-173.

[99] 樊新梅. 浅谈职业院校的课程思政教育[J]. 教育教学论坛, 2018(26): 54-55.

[100] 周致行. 浅析财务管理课程在新时代下开展课程思政的若干思考[J]. 教育现代化, 2018, 5(28): 211-212.

[101] 裴晨晨. 浅析高校开展"课程思政"的问题及对策建议[J]. 决策咨询, 2018(04): 77-80.

[102] [1]王晓杰. 浅议"生命伦理学"课程思政建设[J]. 中国校外教育, 2017(S1): 277.

[103] [1]孙之光. 强化高校院系党组织在课程思政教学改革中的核心作用[J]. 劳动保障世界, 2018(24): 71-72.

[104] 康海燕, 王胜桥. 人力资源管理课程贯彻落实"课程思政"的探讨[J]. 上海商学院学报, 2018, 19(03): 92-96.

[105] 陈春丽. 如何实现高校思政课程教育资源的整合[J]. 科技展望, 2015, 25(29): 286.

[106] 鹿丰玲. 三全育人模式下课程思政问题的探讨[J]. 文教资料, 2018(26): 170-171+96.

[107] 忻平. 上海"课程思政"机制建设的两大关键[N]. 解放日报, 2017-08-03(4).

[108] 王瑞, 郭夫江, 贾琦, 吴迎春, 张刘强, 李医明. 思政教育融入"中药化学"教学的探索与实践[J]. 中医药管理杂志, 2018, 26(18): 37-38.

[109] 李明月, 徐一兰, 陈波, 尚秀葵, 韩晓捷. 思政教育融入针灸专业课程教育探析[J]. 中国中医药现代远程教育, 2018, 16(17): 26-28.

[110] 湛垚垚, 毛俊霞, 肖苏, 杨舟, 杨沐雪, 常亚青. 思政教育在高校专业课教学中的融入——以水产药理学课程为例[J]. 西部素质教育, 2018, 4(2): 8-9.

[111] 陶日升. 探究高职高专思政课程教学改革[J]. 品牌研究, 2018(4): 297+299.

[112] 成桂英. 推动"课程思政"教学改革的三个着力点[J]. 思想理论教育导刊, 2018(9): 67-70.

[113] 沈贵鹏. 心理学视域中泛课程思政的特点诠释[J]. 思想理论教育, 2018(9): 66-71.

[114] 李志飞. 新媒体技术与高校思政课程的教学改革创新[J]. 新闻传播, 2018(16): 104-105.

[115] 康俊民, 胡锦玉. 新媒体视域下大学生课程思政教育模式之构建——以"Excel 在经济管理中的应用"课程为例[J]. 教育现代化, 2017,

4(32): 68-69.

[116] 王慧芳. 新时代高校"课程思政"改革背景下教材体系建设研究[J]. 教育教学论坛, 2018(34): 158-159.

[117] 张冬冬, 李如占. 医学高职院校"思政课程"到"课程思政"转变分析[J]. 高教论坛, 2018(10): 112-114.

[118] 利基林, 宁淑芳, 李科志, 欧超, 刘海洲, 莫颖禧, 张力图, 梁新强. 医药院校专业课程课堂中思政教育的运用[J]. 世界最新医学信息文摘, 2018, 18(86): 299.

[119] 魏伟, 姜涛. 以茶文化为例谈课程思政平台下高校传统文化教育探究[J]. 福建茶叶, 2018, 40(10): 253.

[120] 王育飞, 王鲁杨, 赵玲, 薛花. 应用型本科电力电子技术"课程思政"教学初探[J]. 科教导刊(上旬刊), 2018(8): 125-126.

[121] 彭文. 在工程测量课程中实践"课程思政"的探讨[J]. 绿色科技, 2018(19): 247-248.

[122] 孙丽萍, 张梅, 刘巧红, 李建华. 在远程医疗课程中融入思政教育的实践与研究[J]. 教育教学论坛, 2018(18): 160-161.

[123] 张小丽. 职业教育思政课程中实践教学的运用与作用[J]. 才智, 2016(16): 156.

[124] 巫晓洁, 贾子懿. 中外合作办学思政课建设思考——以上海交通大学为例[J]. 高教学刊, 2018(19): 191-193.

[125] 孙圣勇. 专业课程思政例析——以"国际贸易实务"为例[J]. 计算机产品与流通, 2018(7): 210.

[126] 徐冬梅, 王娆芬, 段倩倩, 奚峥皓. 专业课程中渗透德育思政的探索与实践[J]. 中国现代教育装备, 2017(19): 73-75.